영적 체질을 개선하라!

KB190231

이 소중한 책을

특별히 _____님께

드립니다.

영적 체질을
개선하라

정원기 목사 지음

나침반

"믿음의 시험하고 확증하라"와 "출애굽(출세상)하셨나요?"라는 책을 읽으신 분들이 '복음을 알아듣기 쉽게 잘 풀어주었다'라고 해 많이 기뻤습니다.

우리는 성경을 통해 "예수가 그리스도라는 것!"을 꼭 알아야 합니다. 하나님께서는 성경을 기록한 목적을 요한복음 20장 31절에 밝혀 놓으셨습니다.

"오직 이것을 기록함은 너희로 예수께서 하나님의 아들 그리스도이심을 믿게 하려 함이요 또 너희로 믿고 그 이름을 힘입어 생명을 얻게 하려 함이니라"

그렇다면 우리는 성경을 통해 예수가 그리스도라는 것을 깨달아 알기만 해서는 안 됩니다. "예수가 그리스도라는 것을 믿으라"(요 6:29)는 말씀에 순종해야 합니다. 그리하면 그 이름(예수)을 힘입어 생명을 얻고, 그 어디서나 천국을 누리게 되는 엄청난 복을 받기 때문입니다.

예수님이 누군지에 대해 성경을 통해서도 알 수 있지만 찬송가 96장을 펴보면 한눈에 볼 수 있는데 여기에 적어보겠습니다.

"예수님은 ① 우는 자의 위로 ② 없는 자의 풍성 ③ 천한 자의 높음 ④ 잡힌 자의 놓임 ⑤ 우리 기쁨 ⑥ 약한 자의 강함 ⑦ 눈먼 자의 빛 ⑧ 병든 자의 고침 ⑨ 죽은 자의 부활 ⑩ 우리 생명 ⑪ 추한 자의 정함 ⑫ 죽을 자의 생명 ⑬ 죄인들의 중보 ⑭ 멸망 자의 구원 ⑮ 우리 평화 ⑯ 온 교회의 머리 ⑰ 만국 인의 구주 ⑱ 모든 왕의 왕 ⑲ 심판하실 주님 ⑳ 우리 영광"으로 총 스무 가지입니다.

　노랫말이 아닌 글로 예수님이 누구신지를 얘기하자면 계속해서 표현할 수 있겠죠. 즉 예수님은 우리의 산성, 우리의 바위, 우리의 피난처(도피처), 우리의 반석, 우리의 요새, 우리의 목자, 우리의 주인, 우리의 제사장, 우리의 선지자, 우리의 길, 우리의 안전지대, 우리의 하나님, 우리 인생의 모든 문제 해결자 등등으로 이렇게 나열하다 보면 종이가 모자랄 것입니다.
　그러므로 이렇게 말할수 있는것입니다.
　"예수님은 내(우리)가 해결하고자 하는 죄와 마귀와 죽음 문제를 비롯한 인생의 모든 문제의 답 그 자체요, 내(우리)가 얻고자 하는 영원한 생명은 물론 천국을 비롯한 하나님의 모든 보화 그 자체라고 말입니다. 예수님이 그런 엄청난 분이시기에 예수님을 한마디로 그리스도라고 합니다."

　이 책 속의 글들은 영혼을 깨워주고 영혼의 체질을 개선 시키기 위한 글들입니다. '내 영혼의 체질 개선제'라고 생각하고 읽기 바랍니다. 육적인 체질 개선도 해야지만 그보다 더 시급하고 중요한 것이 영적인 체질을 개선하는 일입니다. 이 책을 계속 읽다 보면 어느 날 체질 개선이 되어 있는 자기 자신을 발견하게 될 것입니다. 샬롬!

　정원기 목사

●차례

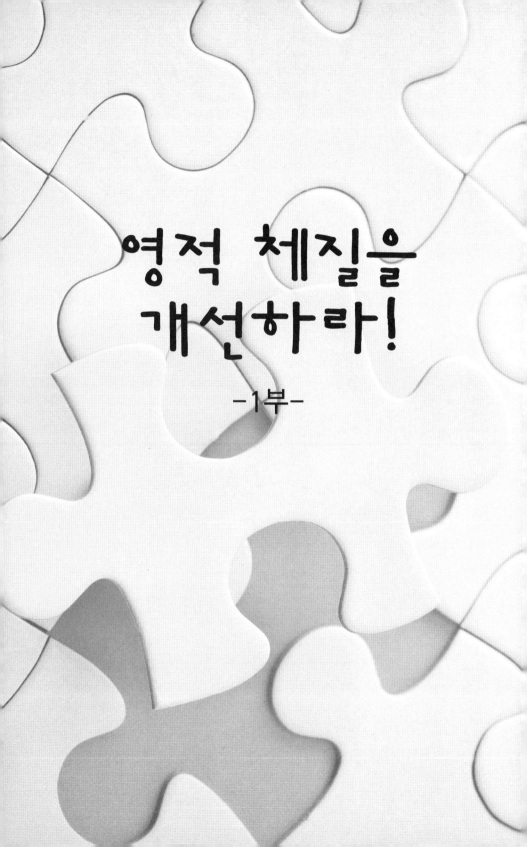

영적 체질을
개선하라!

-1부-

1
영혼의 체질 개선제

　육신(몸)의 체질이 개선되지 않으면 고생하다가 죽듯이 생각(영혼)의 체질도 개선되지 않으면 고생하다가 죽습니다. 인생이 실패로 끝나 결국 지옥 형벌을 당합니다. 예전에 광고를 보니까 육적인 체질 개선제인 클로렐라가 있었습니다. 그때 그 광고를 보면서 영적 체질 개선제인 '예수'에 대해 설교한 적이 있습니다. 육신의 체질 개선제인 클로렐라가 있듯이 영혼(생각)의 체질 개선제가 있다는 것을 아십니까?

　그게 바로 '예수'입니다.

　우리의 생각은 땅(세상=선악과 사건이 터진 동네)의 생각입니다. 인간은 선악과 사건이 터진 동네에서 태어났고 사는 동안 선악과 사건이 터진 동네의 물(사상)이 들어있기에 생각 자체가 선악과 사건이 터진 동네의 생각일 수밖에 없습니다(창 3:1-6). 그런 동네의 생각은 아무리 고상해도 이성 없는 짐승 차원의 수준이라서 그런 생각만 가지고 살다가는 사는 동안도 고생하게 되고 나중에 지옥 형벌을 당하게 됩니다(벧후 2:12, 유 1:10).

　그러기에 생각 자체를 개선해야 합니다. 그러나 인간의 힘으로는, 즉 도덕이나 율법을 비롯한 인간의 그 어떤 방법으로도 개선할 수 없습니다. 그런데 개선해 주신 분이 계십니다. 그분이 바로 '예수'입니다. 개선해 주신 증거가 있습니다. 그게 바로 예수님의 십자가 사건(피)입니다. 예수님께서 십자가 사건을 통해 우리의 생각을 개선해 주셨기에 그분이 우리의 구세주(메시아=그리스도)인 것입니다.

　예수가 그리스도(우리 영혼의 체질 개선제)라는 것을 믿고 영접하면 체질 개선제를 먹은 상태가 됩니다. 그러기에 땅(아래)의 생각이 하늘(위)의 생각으로 바뀝니다. 육의 생각이 영의 생각으로 바뀝니다. 세상 것들(잠시 잠깐의 것들)만 바라보고 살던 사람이 하늘의 것(영원한 것)을 바라보고 살게 됩니다. 육적인 귀와 눈보다 더한 영적인 눈과 귀가 열립니다. 마귀의 말이 아닌 하나님의 음성을 듣게 됩니다. 그러기에 예수가 그리스도라는 것을 믿고 영접하는 것이 그 무엇보다 시급하고 중요한 것입니다.

　육신의 체질 개선제인 클로렐라도 한두 번 먹어서 체질 개선이 되는 것이 아니라 지속적으로 먹어야 개선되듯이 영적 체질 개선제(그리스도)인 예수도 즉, 예수가 그리스도라는 말씀도 지속적으로 먹어(들어)야 합니다. 물론 예수가 그리스도(우리 영혼의 체질 개선제)라는 것을 믿고 영접하면 영혼이 체질 개선되는 정도가 아니라 다시 살게 되는, 영혼에 혁명이 일어나는 엄청난 일이 일어납니다.

그런데 문제는 자기 자신이 그렇게 새 생명을 가진 새로운 피조물이라는 것을(고후 5:17), 즉 죄와 사탄과 죽음문제를 비롯한 인생의 모든 문제에서 해방된 참 자유인이라는 것과 하나님을 다시 만나 하나님의 모든 것을 소유한 천국 백성이 되었다는 사실을 잊어버리기 쉽다는 것입니다. 그러면 문제가 문제로 여겨져서 또다시 염려하거나 속상하게 되고, 원망, 불평, 신경질, 짜증나는 지옥 같은 삶을 살게 되기에 아담 안에서 태어난 옛 자기(몸)가 썩어 없어지기까지, 예수님께서 다시 오시는 그날까지 예수가 그리스도라는 말씀을 들어야 합니다. 그래야 개선된 체질이 유지됩니다.

예수가 그리스도라는 말은 예수님께서 십자가 사건을 통해 선악과 사건으로 인해 들이닥친 죄, 사탄, 죽음, 지옥 문제를 비롯한 인생의 모든 문제를 다 해결하신 구세주(구원의 하나님=메시아)라는 뜻입니다. 그러기에 예수가 그런 엄청난 분(그리스도)이라는 것을 믿는 믿음의 사람이라면 죄 문제를 비롯한 인생의 모든 문제가 문제가 될 리 없습니다. 그런 모든 문제에서 졸업한 졸업생이기에 졸업생답게 살면 되는데 그렇게 살지 못하는 사람(교인)들이 의외로 많습니다.

그렇게 되는 이유는 예수가 그리스도라는 것을 모르거나, 알아도 그것을 믿으라는 말씀에 순종하지 않아서입니다. 그러기에 계속해서 예수가 그리스도라는 말씀을 들어야 하고, 들었으면 믿으라는 말씀에 순종해야 합니다. 알아도 순종하지 않으면 하나님의 역사는 일어나지 않습니다. 그러기에 교회를 다녀도 재미없고, 재미가 없으니까 세상 쪽으로 눈이 돌아갑니다.

그리스도 안에 즐거움, 신남, 재미남, 기쁨, 자유, 평안, 사랑, 행복, 천국 등이 들어있는데 사람들이 그리스도라는 말은 하면서도 그리스도가 뭔지 제대로 모르기 때문에 자꾸만 그리스도 밖으로 나갑니다. 알아도 순종하지 않고, 그러다 보니 이 세상에서부터 누려야 할 천국을 누려보지도 못하고 체질 개선이 더뎌지게 됩니다. 그러니까 "문제는 문제가 있어서 문제가 아니라 이미 예수님께서 십자가 사건을 통해 다 해결 해주신 것을 안 믿는 것이 문제"인 것입니다.

그러기에 지속적으로 예수가 그리스도라는 것을 이 모양 저 모양의 비유를 통해 들어야 합니다. 그래야 불신체질도 확신(확실한 믿음) 체질로 개선되고, 또한 이 세상에서부터 천국 체질이 됩니다. "영혼의 체질 개선제도 '예수'요, 불신체질의 개선제도 '예수'요, 안 된다는 생각의 체질 개선제도 '예수'입니다." 예수가 이 모든 것의 체질을 개선하는 참 개선제이기에 그분을 그리스도라고 하는 것입니다.

육적인 체질 개선제인 클로렐라만 먹지 말고 영적 체질 개선제, 즉 그리스도이신 예수를 자꾸만 먹어(듣고 묵상)야 합니다. 이것 외에 다른 것(말)들을 먹으면(들으면) 실패합니다. 죽습니다. 영원히 죽습니다. 지옥 형벌을 당합니다. 그러기에 계속해서 지속적으로 예수가 그리스도라는 영적 체질 개선제를 먹어야 합니다.

밥을 한 번 먹었다고 안 먹으면 어찌 되겠습니까? 매일 먹는 밥이지만 계속 먹어야 하듯이, 예수가 그리스도라는 말씀을 계속 들어야 합니다(롬 10:17, 찬 205장). 이것이 사는 길이요, 성공하는 길입니다. 사는 것도, 성공하는 것도, 체질이 개선되는 것도 모두 '그리스도(예수)'를 통해서만 가능합니다. 이 모든 것이 그리스도 안에 들어있습니다(골 2:2-3). 우리 영혼의 체질 개선제는 '예수'밖에 없습니다. 할렐루야!

2

나(인간)는 누구인가?

'나는 누구인가?' '나는 누구인가?' 라는 질문을 자신에게 반복해서 해보시기 바랍니다. 자신이 누구인지도 모른 채 살고 있다는 것을, 자신은 온데간데없고 다른 무언가(돈, 명예, 권력, 세상 사상과 종교와 문화 등 한마디로 세상 것들)가 자기의 주인이 되어있다는 것을, 세상 것들이 자기 주인이 되어 그 주인이 시키는 대로 살다가 죽는 불쌍한 존재라는 것을 발견하게 될 것입니다.

분명히 자신이 이 세상에 태어났고, 태어났기에 세상 것들을 정복하고 다스리고 살아야 하는데, 오히려 그런 것들에게 지배당하고, 끌려다니고 있다는 것을 알게 됩니다. 심지어 창조주(하나님)가 아닌 공자나 석가모니를 비롯한 해와 달과 별 등 각종 피조물들을 신으로 여기고 그 앞에 엎드려(종교행위를 하고) 있음을 발견하게 됩니다. 그러다가 죽음의 문턱을 넘어서는 순간 인생은 허무한 것이라는 눈물 젖은 고백을 남기고 갑니다.

인간이 이렇게 자기 자신이 누구인지, 즉 자기 정체성도 모르게 된 이유가 있습니다. 또한 의식주(衣食住) 문제(경제문제)를 포함하여 죽음, 지옥문제를 비롯한 이런저런 인생의 수많은 문제를 만나게 된 이유가 있습니다. 그것은 바로 '죄'때문입니다. 죄란 우리가 사는 동안 율법대로 살지 못한 것도(죄를 짓는 것도) 있지만, 그보다 더 근본적인(오리지널) 죄가 있는데 그것이 바로 선악과 사건입니다(창 3:1-6).

선악과 사건이란 하나님께서 먹지 말라는 선악과를 인간이 마귀의 거짓말을 듣고 먹어버린 사건(오리지널 죄), 즉 하나님을 떠나 마귀와 간음한 사건입니다. 이 사건이 터지기 전에는 아무런 문제가 없었으나 이 사건이 터진 후 경제문제, 죽음문제를 비롯한 이런저런 인생의 모든 문제가 쓰나미처럼 들이닥치게 되었습니다.

즉 부자인 남편을 둔 여자가 거지 같은 남자와 눈이 맞아 가버렸다면 그것은 간음죄를 지은 것이고, 그 죄로 인해 부자인 남편과 함께할 수도 없고 그 남편의 것을 누릴 수도 없는 것처럼, 진짜 부자 중의 부자이신 창조주이신 남편(하나님)이 있는 인간이(사 54:5) 마귀와 함께하게 되었으니 그게 영적 간음죄를 지은 것이고, 그 죄로 인해 하나님과 함께할 수도 그분의 것을 누릴 수도 없게 된 것이고, 죽음문제를 비롯한 인생의 모든 문제를 만나게 된 것입니다.

그런데도 사람들이 선악과 사건을 가볍게 여기고 자기가 살면서 짓는 죄(율법대로 살지 못한 것)만 죄인 줄 알고 그 죄에서 자유케 되려고 도덕이나 율법이나 종교행위를 열심히 합니다. 그런다고 죄를 안 짓게 되는 것도 아니고 해결되는 것도 아닙니다(롬 3:27). 그런다고 등 뒤에 드리워진 그 무거운 십자가(죽음문제를 비롯한 인생의 모든 문제=저주)가 벗겨지는 것도 아닙니다.

그러기에 인간으로 태어난 이상 인간은 영적인 간음죄(선악과 사건=오리지널 죄)에 빠졌다는 것을 알아야 하고, 그 죄는 인간의 남편이신 하나님께서 용서해 주셔야 되는 것이지 다른 방법으로, 인간의 방법으로 해결되는 것이 아니라는 것을 알아야 합니다. 사람들이 이런 내용을 잘 모르기 때문에 도덕이나 율법을 통해서 또는 고행이 수반된 종교행위를 통해서 해결하려고 합니다. 그러기에 안 해도 될 고생까지 하다가 사망에 이르러 지옥으로 가게 됩니다(롬 7:10).

또한 앞에서 말했듯이 경제문제도 선악과 사건으로 인해 생겨난 것인데 그런 줄도 모르고(창 3:16-19) 그 문제를 해결하기 위해 애들은 학교에서, 어른들은 일터에서 몸부림을 치다가 그야말로 이성 없는 짐승처럼 살다가 죽어 지옥 불구덩이 속에 처박힙니다(벧후 2:12, 유 1:10). 그런 우리를 용서해주신, 구원해 주신 분이 계십니다. 그분이 바로 '예수'입니다. 용서해주신, 구원해 주신 증거가 있습니다. 그게 예수님의 십자가 사건(피)입니다.

예수님의 십자가 사건은 선악과 사건 때부터 우리가 짊어지고 있던 그 무거운 십자가를 대신 져주신 사건입니다. 그러기에 예수가 우리의 구세주(메시아=그리스도)라는 것을 안 믿을 수 없습니다. 예수가 그리스도라는 것을 믿고 영접하면 구원받게 됩니다. 죽음 문제를 비롯한 인생의 모든 문제(십자가)에서 해방되어 참 자유, 참 평안을 누리게 됩니다. 하나님을 다시 만나 천국을 비롯한 하나님의 모든 보화(복)를 누리게 됩니다. 그 어디서나 하늘나라를 누리게 됩니다(찬 438장).

예수가 그리스도라는 것을 믿고 영접하면 그렇게 엄청난 복을 누리게 된다는 이 말씀이 복음(새 언약=믿음의 법)입니다. 나도 복음에 순종했더니, 즉 예수가 그리스도라는 것을 믿고 영접했더니 그 순간 내 영혼이 예수님의 찢어진 몸(십자가 사건=성전의 찢어진 휘장) 사이를 통과하게 되었고, 통과하는 그 순간 내 영혼이 머리부터 발 끝까지 예수님의 피로 깨끗하게 씻겨져 하나님 품에 안기게 되었습니다. 그분의 신부(새로운 피조물)로 거듭나 그렇게 엄청난 복을 누리게 되었습니다(고후 5:17).

정말 죄 문제뿐만 아니라 사탄과 죽음문제를 비롯한 이런저런 인생의 모든 문제에서도 해방되어 참 자유, 참 평안을 누리게 되었습니다. 사망의 동네(선악과 사건이 터진 동네)에서 생명의 동네(그리스도 안=임마누엘 동산)로 옮겨졌기에(요 5:24) 천국을 비롯한 하나님의 모든 보화(복)를 소유했기에(골 2:2-3) 더 이상 문제 될 것도 없고, 부족함도 없게 되었습니다(시 23:1, 합 3:17-19). 나의 갈 길 다 가도록 내 안에 계신 그분께서 인도하십니다. 무슨 일을 만나든지 만사형통하게 하십니다(찬 384장).

그러기에 이 세상에서 주어진 시간과 물질과 몸을 사람 살리는 일에 쓰게 된 것입니다. 이것이 이웃을, 민족을, 인류를 사랑하는 삶입니다. 이런 삶이 사람 낚는 어부의 삶이요, 왕 같은 제사장의 삶이요, 천국 대사의 삶입니다(마 4:19, 벧전 2:9, 고후 5:20). 참으로 멋진 존재가 된 것입니다. 이렇게 되게 해주신 하나님을 늘 찬양하지 않을 수 없습니다(시 69:30-31, 히 13:15). 하나님을 다시 만나 하나님의 것을 누리고 하나님을 찬양하는 이런 내가 진짜 '나'입니다(사 43:21).

하나님께서 처음부터 이런 나를 만드셨으나 선악과 사건(죄)으로 인해 이런 나를 잃어버리게 되었고 예수님께서 그 엄청난 십자가 사건(피)을 통해 다시 이런 나로 거듭나게 해주셨습니다. 이제 하나님께서 지으신 목적에 합당한 사람이 되었습니다(사 43:21). 이렇게 된 내가 진짜 '나'입니다. 누구나 예수가 그리스도라는 것을 믿고 영접했다면 나처럼 그런 사람입니다. 그런 사람이 되어있다는 것을 잊지 않기 위해, 그런 사람이 되어있다는 것을 믿는 믿음에 늘 머물러 있어야 합니다.

왜냐면? 우리의 속사람(영혼)은 이미 그런 사람이 됐지만 겉사람(몸)은 아직 썩지 않아서 이 세상에 발을 딛고 있기에 겉사람(아담 안에서 태어난 옛 자기)이 진짜 자기인 줄 알고 그런 자기에게 속기 쉽기 때문입니다. 그렇게 되면 아담(옛 자기)이 가진 문제(저주=선악과 사건으로 인한 인생의 모든 문제가 담겨 있는 십자가)가 문제로 여겨지기 때문에 사탄에게 속기 쉽습니다.

이미 세상과도, 그 어떤 문제와도 상관없는 이미 그런 것들에서 해방된, 졸업한 졸업생이라는 것을, 한 마디로 이미 출세상(出世上)하여 임마누엘 동산(그리스도 안)에 들어와 있는, 왕 같은 제사장이 되어있는, 하나님을 찬양하는 새로운 피조물이 되어있는 내(우리)가 진짜 나(우리)라는 것을 믿는 믿음에 늘 머물러 있어야 합니다.

그러기 위해 늘 "예수가 그리스도(그렇게 해주신 구세주=메시아)라는 것을 믿으라"는 말씀에 순종하라고 한 것입니다. 늘 순종하여 늘 왕 같은 제사장답게 사시기 바랍니다. 그런 그대가 '진짜 그대'입니다. 복음도 많이 전하여 상급도 많이 받기 바랍니다(계 22:12). 샬롬!

3

행복한 사람

　사람은 누구나 행복하기를 원합니다. 그러나 행복하지 못합니다. 진정한 행복은 세상 것에 있지 않고 그리스도 안에 있기 때문에 아무리 세상의 모든 재물과 명예와 권력을 다 움켜잡았다 해도, 한 마디로 솔로몬 왕처럼 세상 온갖 부귀영화를 다 누려도 행복할 수 없습니다(전 1:2-3). 그러나 행복할 수 있는 방법(길)이 있습니다. 행복의 본체이신 하나님을 다시 만나면 됩니다. 행복의 본체이신 하나님을 다시 만나려면 먼저 죄에서 해방되어야 합니다.

　죄란 우리가 살면서 짓는 죄(율법대로 살지 못하는 것)도 죄지만 그보다 더 엄청난 죄가 있는데 그게 '선악과 사건(영적 간음죄, 원죄)'입니다. 선악과 사건이란 맨 처음 사람(아담, 하와)이 하나님께서 먹지 말라던 선악과를(창 2:17) 먹음으로(창 3:6) 하나님의 말씀(법)을 어긴 죄이기도 하지만, 그보다 거룩하신 남편(하나님, 사 54:55)을 두고 더러운 마귀와 바람이 난 사건으로써 하나님 앞에 영적인 간음죄를 지은 상태이기에 하나님과 함께할 수 없게 되었고, 그러므로 불행할 수밖에 없는 것입니다.

선악과 사건(마귀에 의한 인간의 오리지널 죄, 창 3:1-6)으로 인해 좋으신 하나님 아버지를 떠나 악한 강도, 즉 마귀와 함께하게 된 인간이기에 그의 종노릇을 할 수밖에, 불행할 수밖에, 사망 당할 수밖에 없습니다. 그래서 솔로몬 왕처럼 세상 부귀영화를 다 얻어도 행복할 수 없습니다. 인간들이 죄 문제를 해결해 보려고 선행, 고행, 종교행위 등을 해보지만 그런다고 해결되는 것도 아니며, 말과 뜻과 행실을 깨끗하고 착하게 해서 해결되는 것도 아닙니다(롬 3:27, 찬송가 544장 1-3절).

특히 교인 중에 율법을 통해 해결해 보려고 하는 사람들이 있는데 그것 또한 생명에 이르기는커녕 사망에 이르게 되기에 율법으로도 안 됩니다(롬 7:10). 사람들이 그렇게 하면 된다고 생각하거나, 말하거나, 행동하는 것은 선악과 사건이 무슨 사건인지 모르기 때문에 그러는 것입니다. 그러기에 무엇보다도 죄와 죽음문제를 비롯한 인생의 모든 문제(불행)를 가지고 온 사긴이 선악과 사건임을 알아야 하고 무엇보다도 선악과 사건(마귀와 죄 문제)을 해결하는 것이 중요합니다.

그러나 인간은 그 어떤 방법으로도 선악과 사건을 해결할 수 없습니다. 그런데 이것을 해결해 주신 분이 계십니다. 그분이 바로 여자의 후손(예수)입니다(창 3:15, 마 1:21-23). 해결해 주신 증거가 있습니다. 그게 바로 '십자가 사건(피, 요 19:1-30)'입니다. 그러기에 예수가 우리의 구세주(메시아=그리스도)라는 것을 안 믿을 수 없습니다. 예수가 그리스도라는 것을 믿고 영접하기만 하면 선악과 사건(마귀와 죄 문제)에서 해방되어 행복의 본체이신 하나님을 다시 만나게 됩니다.

죄와 죽음문제를 비롯한 인생의 모든 문제에서 해방된 참 자유인으로, 또한 영생은 물론 천국을 비롯한 하나님의 모든 것을 소유한 천국 백성(하나님의 자녀)으로서 그 어디서나 하늘나라를 누리게 됩니다. 이런 엄청난 복을 누리는 사람을 행복인(幸福人)이라고 합니다. 그대도 예수가 그리스도라는 것을 믿고 영접하여 행복인이 되기 바랍니다. 샬롬!

4
소꿉놀이

소꿉놀이를 해보신 적 있습니까?

어린 시절 엄마, 아빠가 되어 조개껍질로 밥그릇, 국그릇을 만들고, 모래로 밥을 짓고, 여러 가지 풀을 뜯어 반찬을 만들어 밥상을 차린 후 "여보 식사하세요"라며 재미나게 놀았던 기억이 있습니다. 그때는 소꿉놀이가 너무나 재미있었습니다. 그러나 지금은 어른이 되어 실제로 솥, 밥그릇, 국그릇뿐만 아니라 진짜 먹을 수 있는 맛있는 음식들을 만들어 먹고 있기에 그런 소꿉놀이가 전혀 재미없습니다. 어린 시절 했던 소꿉놀이는 모형이었다면 지금의 삶은 실제이기에 그런 소꿉놀이가 재미있을 리 없는 것이며, 이젠 그런 소꿉놀이를 하지도 않습니다.

어른이 된 지금도 그런 소꿉놀이를 하고 있다면 정신이 모자라거나 어딘가 이상한 사람입니다. 어린 시절 조개껍질로 재미있게 소꿉놀이를 하다가 어른이 되어서는 실제의 삶을 살기 때문에 소꿉놀이를 하라고 해도 하지 않듯이, 예수가 그리스도라는 것을 깨닿게 되면 세상 것이 소꿉놀이하는 도구라는 것과 세상의 삶(인생 =결혼하여 사는 삶)이 소꿉놀이라는 것을 알게 되기에 나이트클럽에 가도, 유명한 레스토랑에 가도, 궁궐 같은 집에 살아도 그런 것들로 재미있어하지 않습니다.

참 만족, 참 행복은 그런 것들에 있는 것이 아니라 그리스도 안에 있다는 것을 알아버렸기 때문입니다. 그리스도 안에서의 삶이 진정한 삶, 행복한 삶이라는 것을 알아버렸기 때문입니다. 그리스도를 통해 이미 영으로는 하늘의 것을, 하늘의 삶(임마누엘 동산에서의 삶=참 자유, 참 평안, 참 만족, 참 행복)을 살게 되었기 때문에 세상의 삶이 어린 시절의 소꿉놀이처럼 여겨지는 것입니다. 그러기에 세상 것들에, 세상일에 목숨을 걸지 않습니다.

그런 일에 목숨을 걸다 보면 상처받게 되고 속만 상하게 됩니다. 그런 일에 목숨을 걸고 열심히 해서 솔로몬 왕처럼 온갖 부귀영화를 다 누리게 되어도 그리스도 안에서의 삶에 비하면 어린 시절의 소꿉놀이 정도일 뿐, 그리고 그런 것들은 헛된 것(전 1:2-3)일 뿐입니다. 그러므로 어린 시절 소꿉놀이의 삶을 거쳐 다음 단계로 어른이 되어 결혼의 삶(어른들의 소꿉놀이)을 거쳐 세 번째 단계인 예수님과 한 몸 되는 삶이 진짜 행복한 삶이라는 것을 알아야 합니다.

이 삶이 살아져야 이 세상에서 주어진 시간 동안 부부생활도 에덴동산에서의 삶이 됩니다. 이 삶이 살아지지 않는 상태에서는 결혼생활도 행복할 수 없습니다. 그러기에 선악과 사건이 터진 동네(세상)에서 어린 시절 소꿉놀이와 어른들의 소꿉놀이에만 정신 팔지 말고 예수가 그리스도라는 것을 깨닫고 그분을 영접하여 그분과 함께 진짜의 삶(천국의 소꿉놀이)을 살아보시기 바랍니다.

선악과 사건이 터진 동네(세상)의 소꿉놀이에서 천국의 소꿉놀이를 할 수 있게 해주신 분이 계십니다. 그분이 바로 '예수'입니다. 인간의 그 어떤 방법(도덕이나 율법이나 말과 뜻과 행실을 깨끗하고 착하게 하고 고행을 해도, 그 어떤 종교행위를 해도)으로도 천국의 소꿉놀이를 할 수 없는데 예수님께서 그렇게 되도록 해주셨습니다. 그렇게 해주신 증거가 있습니다. 그게 예수님의 십자가 사건(피)입니다.

그러기에 예수가 우리의 구세주(구원의 하나님=메시아=그리스도)라는 것을 안 믿을 수 없습니다. 예수가 그리스도라는 것을 믿고 영접하면 선악과 사건이 터진 동네(세상)의 소꿉놀이에서 천국의 소꿉놀이를 할 수 있게 됩니다. 그렇게 되기 때문에 예수가 그리스도라는 것을 믿고 영접하라고 말씀하신 것입니다. 그 말씀에 순종하여 천국의 소꿉놀이를 하시기 바랍니다.

사실 천국의 소꿉놀이는 세상의 소꿉놀이처럼 잠시 잠깐 하는 그런 소꿉놀이가 아니라 진짜 진지한, 영원한 복된 삶이기에 소꿉놀이가 아닙니다. 그저 알기 쉽게 말해서 천국의 소꿉놀이라고 표현한 것입니다. 어린 시절 소꿉놀이를 통해, 그리고 어른이 되어 결혼생활의 소꿉놀이를 통해 진짜 천국의 소꿉놀이 속으로 들어

오시기 바랍니다.

삶에는 4가지 삶이 있습니다.

- 첫째는 어린 시절 조개껍질로 하는 소꿉놀이의 삶
- 둘째는 성장한 후 결혼생활의 소꿉놀이의 삶
- 셋째는 예수가 그리스도라는 것을 깨닫고 믿고 영접하여 그리스도와 한 몸 되어 그리스도를 누리고 전하는 삶
- 넷째는 예수님께서 다시 오시는 날 새 몸을 입고 저 천국에서 영생 복락을 누리는 삶입니다.

지금 당신은 어느 삶을 살고 있습니까?

아직도 어린 시절에 했던 소꿉놀이를 하는 중입니까? 아니면 결혼해서 소꿉놀이를 하는 중입니까? 예수가 그리스도라는 것을 제대로 알고 믿고 영접하여 예수님과 한 몸 되어 그리스도를 누리고 전하는(그 어디서나 하늘나라를 누리며 전하는) 삶을 사는 중입니까? 부부일 경우 둘 다 예수가 그리스도라는 것을 깨닫고 그분을 영접하면 세상에서의 어른들의 소꿉놀이(결혼생활)도 평화의 동산에서, 사랑의 동산에서 진짜 사랑하며 행복하게 살게 됩니다. 그리고 무엇보다 복음을 전하는 동역자로 멋지게 살다가 상급까지 많이 받게 됩니다.

그러기에 예수가 그리스도라는 것을 믿고 영접하라는 말씀에 순종하는 것이 그렇게 중요합니다. 영접한 후에도 늘 "예수가 그리스도라는 것을 믿으라"는 말씀에 순종해야 그렇게 살게 됩니다. 샬롬!

5

문제는 답(그리스도)을 만나게 해주는 도구다

문제는 문제가 아니라 답(그리스도=하나님=천국)을 만나게 해주는 문제일 뿐입니다. 무슨 말이냐 하면 인생을 사는 동안 이런저런 문제를 만나게 되는데 그 문제들은 인간을 답(그리스도=하나님=천국) 속으로 몰아넣는 문제일 뿐이라는 것입니다. 예를 들어 목마르고 배고픈 양(문제)들이 있다고 합시다. 양들의 주인인 목동(목자)은 건너편에 있는 푸른 초장으로 양들을 인도하려고 합니다.

그런데 양들은 그런 목동의 마음도 모르고, 목동의 음성을 외면 (불순종)하고 그곳으로 가려고 하지 않습니다. 목동이 양들의 엉덩 이를 채찍으로 후려쳐도(매를 맞아 고통을 당하는 '문제'를 만나도) 우리 안 에서만 빙빙 돕니다. 목동이 더 이상은 안 되겠다 싶어 양들의 우 리에 불을 지릅니다. 양들이 우리 안에 있으면 불에 타 죽게 되는 '문제'를 만나게 되는 것입니다. 그런 엄청난 문제를 만나게 되자 양들은 벌떡 일어나 달려나갑니다.

결국 양들은 목동을 따라갈 수밖에 없습니다. 그곳은 이전보다 더 좋은 곳입니다. 맑은 시냇물이 흐르는 푸른 초장입니다. 마음껏 먹고 마시며 뒹굴고 놀았습니다. 그야말로 양들은 그 주인이 인도한 초장을 마음껏 누렸던 것입니다. 그때라도 양들이 왜 주인이 자기들의 엉덩이를 채찍으로 후려쳤는지(채찍에 얻어맞아 고통을 당한 문제), 왜 자기들의 보금자리인 우리에 불을 질렀는지(살던 집이 불타버린 문제)를 알고 주인을 향해 감사하다 했으면 좋으련만, 주인의 말씀에 무조건 순종하겠다고 했으면 좋으련만, 그들은 인간이 아닌 짐승이었기에 그렇게 하지 않았습니다.

그렇다면 인간은 선악과 사건이 터진 동네(세상)에서 임마누엘 동산(천국의 생명의 시냇물이 흐르는 푸른 초장)으로 옮겨 주신 목자(주인=하나님)께 감사해하며 또한 순종을 잘할까요? 만약 그렇지 않다면 이성없는 짐승보다 못한 존재일 것입니다(벧후 2:12). 우리도 살다 보면 죄 문제를 비롯하여 경제(衣食住, 의식주)문제, 부부 문제, 자식 문제, 직장문제, 이성 문제, 영적인 문제, 정신적인 문제, 육신적인 문제 등 이런저런 수많은 문제들을 만납니다.

그리고 그런 문제들을 만날 때마다 염려하고 속상해하며 원망, 불평, 신경질, 짜증나는 지옥 같은 삶을 살게 됩니다. 스트레스는 만병의 근원이라는데 사는 동안 얼마나 많은 스트레스를 받고 사는지 헤아릴 수도 없습니다. 그런 삶을 계속해서 살다 보니 정신적으로나 육신적으로 지치고 병들어 죽을 수밖에 없습니다. 이렇게 문제들을 만나다가 결국 지옥 문제까지 만나게 됩니다.

양들이 채찍 문제와 불 문제를 만나게 되어 푸른 초장으로 가게 된 것처럼, 우리도 이런저런 문제들을 통해 임마누엘 동산(그리스도 안으로=천국의 생명의 시냇물이 흐르는 푸른 초장)으로 빨리 들어가야 합니다. 채찍 문제보다 더 큰 문제를 만나기 전에 빨리 답속으로 들어가야 합니다. 문제는 답을 찾게 해주는 문제일 뿐이기에, 문제는 답을 찾으라고 주어진 것이기에 문제를 통해 빨리 답을 찾아야 합니다.

먼저 죄 문제를 비롯한 인생의 모든 문제의 근원이 선악과 사건이라는 것을 알아야 합니다(창 3:1-6). 이 사건이 터지기 전에는 아무 문제도 없었으나 이 사건이 터지면서 문제들이 쓰나미처럼 들이닥치게 된 것이니까요. 인간을 속여 선악과 사건에 빠지게 해서 죽게 만든 귀신들의 우두머리 사탄은 지금도 인간을 계속 속이고 있는데 사람들이 그런 줄도 모르고 문제가 생기면 그 문제를 해결하기 위해 귀신들린 점쟁이를 찾아갑니다. 점을 치고 굿을 하고 부적을 사는데, 피땀 흘려 번 돈을 다 갖다 바칩니다.

하나님의 말씀은 잘 안 들으면서 그들이 시키는 말은 잘 듣습니다. 그렇게 하지 않으면 재앙을 당할까봐 말입니다. 결국 선악과 사건이 터진 동네(세상)에 태어나는 인간들은 그렇게 사탄의 종노릇을 할 수밖에 없는 것입니다. 그런 귀신 문제들까지 포함하여 인생의 모든 문제가 선악과 사건이 터지면서 생겨난 것입니다. 그렇다면 그런 문제들을 통해 문제의 근본 원인이 선악과 사건이라는 것을 알았으니까 먼저 그 사건을 해결해야 합니다.

이 사건을 해결하기 위해 말과 뜻과 행실을 깨끗하고 착하게 해도 안 됩니다. 돈, 명예, 권력, 세상 지식, 공자나 석가모니 사상 등으로도 안 됩니다. 율법으로도 해결할 수 없습니다(롬 7:10). 그런데 해결해 주신 분이 계십니다. 그분이 바로 '예수'입니다. 해결해 주신 증거가 있습니다. 그게 바로 '십자가 사건(피)'입니다. 예수님께서 그 엄청난 십자가 사건(피)을 통해 우리를 구원해 주셨으니 그분이 우리의 구세주(구원의 하나님=메시아=그리스도)라는 것을 안 믿을 수 없습니다.

하나님 아버지께서는 예수가 그리스도라는 것을 믿고 영접하라고 하십니다(요 1:12, 롬 10:9-10). 그리하면 인생의 모든 문제의 원인인 선악과 사건(오리지널 죄)에서 해방됩니다. 즉 그 엄청난 선악과 사건의 저주(선악과 사건으로 인한 사탄, 죄, 죽음문제를 비롯한 인생의 모든 문제=십자가)에서 해방됩니다. 예수님의 십자가 사건(피)은 선악과 사건으로 인해 우리 등 뒤에 드리워진 그 무거운 십자가를 대신 져주신 사건이었기에 말입니다.

그러기에 예수님은 우리 인생의 모든 문제의 '답'이었습니다. 결국 문제들은 우리를 답(그리스도) 속으로 몰아넣는 문제였습니다. 예수가 그리스도(답)라는 것이 하나님의 비밀이었는데 그분으로부터 택함을 받은 우리는 그 음성을 듣고 따라 나온 것입니다(골 1:26, 요 10:4). 어디에서 어디로? 세상(선악과 사건이 터진 동네)에서 교회로! 그리스도 안으로! 임마누엘 동산으로! 천국으로! 그래서 우리는 어디서나 하늘나라를 누리게 된 것입니다(찬 438장).

어디서나 하늘나라를 누리게 된 자(그리스도인)들이 모여서 예배하는 곳이 교회입니다. 그래서 교회는 세상과 구별된 곳입니다. 이곳에서 예배드릴 때 하나님께서 하늘 문을 여시고 신령한 젖과 꿀(예수가 그리스도라는 말씀)을 마음껏 부어주십니다. 그래서 예배시간은 축복의 시간입니다. 그러기에 예배시간만큼 귀한 시간, 축복의 시간은 있을 수가 없습니다.

그런데도 교인들 중에는 그저 교회에 와서 하나님께 눈도장만 찍고 가거나, 졸고 앉아있거나, 스마트폰을 보며 딴짓을 하는 사람들이 있습니다. 세상 학교는, 세상 일터는 지각하거나 결석하지 않으면서 교회는 밥 먹듯이 지각하고 결석합니다. 세상의 그 어떤 일보다도 귀한 시간이 예배시간인데 말입니다. 그런 사람들은 문제의 원인인 선악과 사건(죄)과 예수님의 십자가 사건(피)이, 즉 예수가 그리스도라는 것이 영혼의 피부로 뜨겁게 느껴지지 않아서 그런 것입니다.

가끔은 형편이 여의치 않아서 그런 사람들도 있습니다만 어쨌든 그렇게 둔한 인간들, 문제 속에 던져져 있던 인간들, 그 엄청난 문제 속에 던져져 있던 인간들을 건져내시려고 창조주이신 하나님께서 사람의 모습으로 오시기까지 하여 피조물인 인간들에게, 그것도 선악과 사건(오리지널 죄)과 율법대로 살지 못한 죄인들에게 모진 매를 맞고 십자가 사건을 당하기까지 해서 건져내 주셨는데 그런 하나님을, 그리고 그런 하나님께 예배드리는 시간을, 세상 학교나 세상 일터에 가는 것만도 못하게 여겨서야 되겠느냐 말입니다.

그 엄청난 십자가 사건을 통해 우리를 구원해 주시고 우리에게 구원받았다는 것을 믿으라고 하시는데 그 말씀에 순종하지도 않고, 죄 문제를 비롯한 인생의 모든 문제의 답이 '예수'라고 하는데도 사람들이 그 말씀에 순종하지도 않고, 그냥 예수 믿는다고 교회만 열심히 다니고 있으니 참으로 안타까운 일입니다. 과연 이 세상에 예수가 그리스도(죄 문제를 비롯한 인생의 모든 문제의 답 그 자체, 생명 그 자체, 복 그 자체, 하나님 그 자체)라는 것을 믿는 믿음의 사람(그리스도인)이 얼마나 있을까요?

그런 믿음을 가진 자들을 만나보기 힘든 것을 보니 예수님께서 다시 오실 때가 정말 가까워졌나 봅니다(눅 18:8). 그리고 예수님을 죽인 이스라엘 백성들의 후손들이 지금 예수가 그리스도라는 것을 믿고 예배하는 일이 벌어지고 있기에 정말 예수님께서 다시 오실 때가 다 되었는데 사람들이 교회 중심, 예배 중심이 아닌 세상 중심, 세상일 중심으로 삽니다. 이 모양, 저 모양의 수많은 비유를 통해 예수가 그리스도라는 것을 말해주고 그것을 믿으라는 말씀에 순종하라고 해도 그 말씀에 순종하지 않는 사람들이 많습니다.

정말 안타까운 일입니다.

우리는 "예수가 그리스도라는 것을 믿으라"는 말씀에 늘 순종하면서 늘 그 어디서나 하늘나라를 누리고 멋지게 살아야 합니다. 우리에게 주어진 문제들이 있었기에 답을 찾아 나섰고, 그렇게 답을 찾아 나선 우리를 하나님께서는 답 속으로 데려다 놓았으니 이제는 그 답 동네에서 답을 누리고 전하는 멋진 삶, 하나님께서 기뻐하시는 삶을 살아야 합니다. 예수께서 죽기까지 하여 답을 챙겨주셨는데 그 답을 누리지 못한다면 그건 정말 악한 것입니다. "예수가 그리스도라는 것을 믿으라"는 말씀에 불순종하는 것이 이 세상에서 가장 악한 일입니다.

왜냐면 예수님의 그 엄청난 십자가 사건(피)을 헛된 것으로 만들어버리기 때문입니다. 그러기에 정말 "예수가 그리스도라는 것을 믿으라"는 말씀에는 생명 걸고 순종해야 합니다. 그것이 하나님의 마음을 시원하게, 기쁘게 해드리는 효도 중의 효도입니다. 그리고 순종하면 자기에게 좋습니다. 그동안 이런 내용을 모르고 살다가 지치고 병든 영과 혼과 육신에 치유가 일어납니다. 더욱더 강건해집니다. 무슨 일을 만나든지 만사형통하게 됩니다(찬 384장). 오직 예수! 오직 믿음! 오직 복음! 오직 순종! 샬롬!

6

뜻이 있으면 길이 있다

'뜻이 있으면 길이 있다'는 말이 있습니다.

이 말은 어떤 일을 해내고야 말겠다는, 이루고야 말겠다는 강한 의지(뜻=생각)가 있으면 일이 이루어진다는 말입니다. 성공하게 된 다는 말입니다. 열매를 얻게 된다는 말입니다. 그러기에 먼저 뭔 가를 해봐야겠다는 강한 의지(뜻=생각)가 있어야 합니다. 그러나 또한 믿는 구석이 있어야 자신감이 넘칩니다. 믿는 구석이 있으면 뜻을 세우기도 쉽고, 그렇게 하면 될 것이라는 기대가 충만해져서 마음과 몸이 가볍게, 즐겁게, 신나게 움직이게 됩니다.

그렇다면 그대에게 믿는 구석이 있습니까?

믿는 구석 정도가 아니라 믿을 수밖에 없는 엄청난 그 뭔가가 있습니다. 그 뭔가가 바로 '하나님'입니다. 하나님께서는 믿고 뜻 을 세우면 반드시 이루어주십니다(막 11:24). 그분은 전능하사 천지 를 만드신 분(창조주)입니다. 전능하신 그분께서 우리에게 '믿음'이 라는 단어(말)를 주셨습니다.

왜 그러셨느냐면 전능하신 그분은 눈(육안)에 보이지 않지만 확실히 존재하기 때문입니다. 그리고 눈에 안 보이는 그분에 의해서 이 세상 우주 만물이 창조되었기에(창 1:1) 그런 사실과 그런 하나님이 계신다는 것을 믿어달라는 뜻으로 '믿음'이라는 단어를 주신 것입니다. 그리고 그냥 믿으라고 하신 것이 아니라 믿을 수밖에 없는 증거들을 주셨습니다. 그게 바로 예수님의 성육신 사건이요, 십자가 사건이요, 부활 사건이요, 승천 사건입니다. 이제 그분이 다시 오실 재림 사건만 남아있습니다.

성육신 사건이란 우리 눈에 안 보이던 하나님께서 눈에 보이도록 사람(우리)의 모습으로 오신 사건을 말하며, 사람의 모습으로 오신 그 하나님의 이름이 '예수'입니다. 십자가 사건이란 예수님께서 선악과 사건(오리지널 죄)에 빠져 죽을 수밖에 없는 우리를 구원하신 사건입니다. 그러기에 그분이 우리의 구세주(구원의 하나님=메시아=그리스도)인 것입니다.

부활 사건이란 그분은 죽임(사망)을 당하실 분이 아닌데 우리를 죄에서 구원하시기 위해 피를 흘리시고 죽었다가 3일 후 다시 사신 사건이기도 합니다만 그분이 구세주(메시아=그리스도)라는 것을 더더욱 확실하게 증거 하신 사건, 믿을 수밖에 없게 한 사건입니다. 승천 사건이란 우리의 죄 문제를 해결하기 위해 십자가에서 흘리신 그 피를 들고 하늘의 참 지성소에 들어가신 사건입니다. 우리의 죄를 단번에 영원히 해결하시기 위한 사건이었고, 우리의 변호사가 되어 주신 사건이며, 천국의 하나님께서 지상 사역(죄에 빠져 죽을 수밖에 없는 인간을 구원하시기 위한 역사)을 마치시고 천국으로 '원위치' 하신 사건이기도 합니다.

이런 일련의 역사적인 사건들을 통해 그분이 우리의 '구세주(메시아=그리스도)'라는 것을 안 믿을 수 없는 것이며, 그러기에 "다시 오겠다" 약속하고 가신 예수님의 재림 사건을 기다리지 않을 수 없는 것입니다. 그 약속의 시간이 점점 가까워지고 있습니다. 왜냐면 예수님을 죽였던 이스라엘 백성 중에 예수가 그리스도라는 것을 믿고 예배하는 일이 일어나고 있기 때문입니다.

이렇게 역사는 마지막 장을 향해 흐르고 있습니다.

이런 역사적인 사건들을 통해 예수가 그리스도라는 것을 안 믿을 수 없습니다. 예수가 그리스도라는 것을 믿고 영접하면 선악과 사건으로 인한 죄와 사탄과 죽음문제를 비롯한 인생의 모든 문제에서 해방된 '참 자유인'이 되고, 하나님을 다시 만나 천국을 비롯한 하나님의 모든 것(보화)을 소유한 '천국 백성'이 됩니다. 그렇게도 만나고 싶었던 하나님을 다시 만나게 되어 이동하는 성전이 됩니다(고전 3:16). 맺힌 것이 풀리게 되고, 막혔던 것이 뚫리게 되고, 무슨 일을 만나든지 만사형통하게 됩니다(찬 384장).

더 이상 문제될 것도 없고, 더 이상 부족함이 없는 새로운 피조물(의인=새 사람=그리스도인)로, 임마누엘 동산 사람으로 거듭나게 됩니다(시 23:1, 합 3:17-19, 고후 5:17). 어디서나 하늘나라를 누리게 됩니다(찬 438장). 더 이상 할 일이 없기에 이 세상에서의 자기에게 주어진 시간, 물질, 몸을 사람 살리는 일에 쓰게 되는 진짜 멋진 사람, 진짜 행복한 사람이 됩니다(신 33:29). 이런 사람이 되고 싶습니까?

그렇다면 먼저 그런 생각(원하는 마음=뜻)이 있어야 합니다.

그대도 그런 사람이 되어 그런 삶을 살아야겠다는 생각(뜻)이 있으면 그 생각(뜻)대로 그런 사람이 되는 놀라운 일(열매=성공)이 일어납니다. 그 뜻이 이루어지는 시간이 언제냐면 그런 사람이 돼야겠다는 뜻(생각=원하는 마음)을 가지고 예수가 그리스도라는 것을 믿고 영접할 때 이루어집니다. 나도 그런 생각(뜻)을 가지고 그렇게 했기에 그런 사람이 된 것입니다.

'뜻(그렇게 되고 싶은 생각=원하는 마음)이 있으면 길(그런 사람이 됨=열매=성공)이 있다'는 말 그대로 된 것입니다. 이 세상에 태어났으면 나처럼 뜻을 세우고 그 뜻을 이루어야 합니다. 그러나 그러지 않고 자꾸만 세상 것을 먼저 더 많이 얻기 위한 뜻, 더 높이 올라가려는 뜻만 가지고 살면, 그래서 솔로몬 왕처럼 됐다 할지라도 헛되고 맙니다. 허무로 끝이 납니다(전 1:2-3). 그렇게 헛된 깃들과 이린저런 문제들 때문에 염려하고 속상해하며, 원망, 불평, 신경질, 짜증나는 지옥 같은 삶을 살다가 진짜 지옥으로 갑니다.

그러기에 세상의 그 어떤 방법, 그 어떤 일보다도 먼저 예수가 그리스도라는 것을 믿고 영접하라는 말씀에 순종(마음속으로 하는 일=내적 행위)하는 것이 너무나 중요하고, 또한 영접한 후에도 늘 "예수가 그리스도라는 것을 믿으라"는 말씀에 순종하는 것이 너무나도 중요합니다. 그리하면 세상에 머무는 동안의 나머지 것들도 시간표에 따라 되어지는 놀라운 일을 체험하게 됩니다.

나도 어린 시절에 선생님이 되고 싶다는 생각(원하는 마음=뜻)과 음악가가 되고 싶다는 생각(뜻)을 가졌었는데 두 개 다 이루어졌습니다. 또 어느 날 목사가 돼야겠다는 생각(뜻)과 신학박사가 돼야겠다는 생각(뜻)과 교수가 되고 학장이 돼야겠다는 생각(뜻)을 가졌는데 그 생각(뜻)대로 다 이루었습니다.

죄 문제를 비롯한 이런저런 인생의 문제들 때문에 정신적으로나 육신적으로 지치고 병들었던 것도 다 치유되었습니다. 생각(뜻=믿음)대로 다 되었습니다. 진짜 예수가 그리스도라는 것을 믿는 믿음 안에 있으면 나머지 것들도 반드시 이루어지고 치유됩니다. 그렇게 된다는 믿음을 가질 수 있는 것도 그냥 무턱대고가 아닌 예수가 우리의 그리스도라는 것이 너무나도 확실하기 때문입니다. 모든 것이 '예수가 그리스도라는 믿음'으로 되었습니다.

세상 사람(이방인)들도 부정적이기보다는 긍정적으로 생각하고 나가면, 없는 것도 있다고 믿고 나가면, 좋은 일이 생긴다고 하면서 그렇게들 사는데, 하물며 예수님은 우리가 그렇게도 보고 싶었던 하나님 그 자체요, 찬송가 96장에 기록된 내용 그대로, 성경에 기록된 내용 그대로 그렇게 엄청난 분이신데 그런 분께서 우리의 죄 문제를 비롯한 인생의 모든 문제의 답이 되어 주시려고, 영생은 물론 천국을 비롯한 하나님의 모든 보화를 지금부터 영원히 누리게 해주시려고 십자가 사건(피)을 당하시기까지 하셨는데 우리가 어찌 안 믿을 수 있겠습니까. 믿음도 확실한 믿음(확신)일 수밖에 없는 것입니다.

오직 예수! 오직 믿음!

즉 오직 예수가 그리스도라는 것을 믿는 믿음(내적 행위)을 가지고 나가면 반드시 꿈(뜻)은 이루어집니다. 그렇게 되기에 이제 남은 인생은 하나님의 뜻을 이루어드리게 되는 것입니다. 즉 이 세상에서의 주어진 시간, 물질, 몸까지 사람 살리는 일에 쓰게 됩니다. 하나님의 뜻이 나에게 이루어졌기에 이제는 하나님의 뜻을 이루어드리게 되는 것은 당연합니다. 이것이 참 인생입니다.

그러기에 세상의 그 어떤 방법, 그 어떤 일보다도 먼저 예수가 그리스도라는 것을 알아야 하고, 알았으면 그것을 믿으라는 말씀에 늘 순종하는 것이 너무도 중요합니다. 그래야 하나님의 전능하신 역사를 체험하게 되고, 이 세상에 머무는 동안도 그 어디서나 하늘나라를 누리게 되기에, 그리고 예수가 그리스도라는 것을 전해주면 상급도 많이 받게 되니까 많이 전해주시기 바랍니다(계 22:12).

7

하나님의 비밀

하나님의 비밀을 아십니까?

하나님의 비밀은 '그리스도'입니다(골 2:2~3). 그리스도란 인간이 도덕이나 율법 등 그 어떤 법이나 고행, 종교행위를 비롯한 그 어떤 것으로도 해결할 수 없는 죄(선악과 사건=사탄에 의한 인간의 오리지널 죄, 창 3:1-6) 문제를 해결하기 위해 하나님으로부터 '기름 부음을 받은 자'라는 뜻입니다.

죄, 사탄, 죽음문제를 비롯한 인생 모든 문제의 원인인 선악과 사건을 해결해 주신 분이 계십니다.

그분이 바로 '예수'입니다. 해결해 주신 증거가 있습니다. 그게 그분이 당하신 십자가 사건(피)입니다. 그분이 장사된 지 사흘 만에 다신 사신 것, 즉 부활 사건은 그분이 구세주(메시아=그리스도)라는 확실한 증거입니다. 이 세상에 태어난 이상 그리스도가 누군지를 찾아야 합니다. 그 그리스도가 바로 '예수'입니다. 예수가 그리스도라는 것을 알았다면 하나님의 비밀을 안 것입니다.

좀 더 구체적으로 이야기하겠습니다. 예수께서 십자가에 달려 살을 찢고 피를 흘리신 것은 선악과 사건(죄)에 빠져 무거운 짐(선악과 사건 때부터 등 뒤에 짊어지고 있는 각 개인의 십자가=죄 문제를 비롯한 이런저런 인생의 모든 문제)을 짊어지고 수고하고 있는 우리를 편히 쉬게(구원) 해주시기 위함이었습니다(마 11:28). 그러기에 그분이 우리에게 있어 구세주(구원의 하나님=메시아=그리스도)입니다. 하나님께서는 우리에게 예수가 그리스도라는 것을 믿고 영접하라고 하십니다(요 1:12).

하나님께서 시키신 일을 하면(요 6:29), 즉 그 말씀대로 하면 선악과 사건 때부터 짊어지고 있던 그 무거운 십자가가 벗겨집니다. 그래서 자기 영혼이 춤추게(기뻐하게) 됩니다. 그런데 사탄은, 그에 속한 세상은, 그에 속한 세상 사람들은, 마음을 비워야 한다거나, 마음을 내려놓아야 된다거나, 고행이나 선행이나, 도덕이나 율법이나, 말과 뜻과 행실을 깨끗하고 착하게 해야 그렇게 된다고 합니다. 하지만 하나님께서는 그런 것으로 되는 것이 아니라 비록 그렇게 살지 못했다 할지라도 예수가 그리스도라는 것을 믿고 영접하면 그렇게 된다고 하셨습니다(롬 3:27).

그러니까 세상이 가르쳐 준 방법과 하나님의 방법은 완전히 다릅니다. 죄 문제만 해도 그렇습니다. 세상은 도덕이나 율법대로 살지 못한 것을 죄로 여기지만 하나님께서는 예수가 그리스도라는 것을 믿지 않는 것을 죄라고 하십니다(요 16:9). 왜냐면 우리가 도덕이나 율법대로 살지 못한(죄를 지은), 그래서 죄인일 수밖에 없는 그리고 무엇보다도 이미 선악과 사건(오리지널 죄)에 빠져 있는 죄인인데 그런 우리를 구원하시기 위해 예수님께서 십자가 사건을 당하신 것입니다.

그런데 그렇게 해주신 것을 믿지 않으면 어떤 방법으로 죄에서 해방될 수 있겠으며, 어떻게 죄인의 신분을 벗어던질 수 있겠습니까? 그러기에 예수가 그렇게 해주신 구세주(메시아=그리스도)라는 것을 믿지 않는 것이 죄 중의 진짜 큰 죄가 되는 것입니다(요 16:9). 사람들이 율법대로 살지 못한 것만 죄라고 여기고 율법대로 살았냐?, 못 살았냐? 그런 것 때문에 지옥에 가는 줄 알지만, 사실은 예수가 그리스도라는 것을 믿지 않아서 지옥 불 못에 던져진다는 것을 알아야 합니다(그런다고 율법을 무시하라는 말이 아닙니다).

구원을 받는데 있어서 율법대로 살았냐?, 못 살았냐? 그런 외적인 행함이 중요한 게 아니라(율법대로 살지 못한 죄는 사망〈지옥〉에 이르게 하지는 못함, 요일 5:16) 예수가 그리스도라는 것을 믿냐?, 안 믿냐?에 따라 결정되기에 예수가 그리스도라는 것을 믿으라는 말씀에는 순종해야 합니다. 이게 하나님께서 시키신 일입니다(요 6:29). 예수가 그리스도라는 것을 믿으라는 말씀(복음)에 불순종한 것은 율법대로 살지 못한 죄보다 더 엄청난 죄이기에, 불순종한 그 죄는 사망(지옥)에 이르게 되는 죄이기에, 절대로 불순종해서는 안 됩니다(요일 5:16).

이제는 예수가 그리스도라는 것을 믿고 영접하라는 말씀(복음)

에 순종하시기 바랍니다. 이 방법 외에 그 어떤 행위, 그 어떤 법으로도 안 됩니다(롬 3:27, 갈 3:2). 복음에 순종할 때 우리가 예수님의 그 찢어진 몸 사이(십자가 사건=피)를 통과하게 되고, 통과하는 순간에 예수님의 피로 우리 영혼이 머리부터 발끝까지 깨끗하게 씻어져 하나님 품으로 들어가게 되는 것입니다.

선악과 사건이 터진 동네(세상=죄 문제를 비롯한 인생의 모든 문제의 늪에 빠져 염려하고, 속상해하고, 원망, 불평, 신경질, 짜증나는 지옥 같은 삶을 살다가 지옥으로 가기 위해 대기하는 장소)에서 임마누엘 동산(그리스도 안)으로 들어와 기뻐하며, 감사하며, 노래(찬양)하는 삶을 살게 됩니다. 이렇게 된 자신이 진짜 자기(참 자기=새 사람)입니다. 이미 그리스도라는 방주 안에 올라탄 상태에서 그분께 감사하며 찬양하는 자기가 진짜 자기라는 것을 알게 됩니다.

그러나 아직 몸이 썩지 않아서 이 세상에 발을 딛고 있기때문에 그렇게 되는 자기가 진짜 자기라는 것을 놓치기 쉽습니다. 그러기에 이미 그렇게 되어있는 자기가 진짜 자기라는 것을 믿는 믿음에 항상 머물러 있어야 합니다(행 14:22).

미국 대사가 한국에서 미국 대통령의 명을 받아 일하면서 자기 자신이 누군지를 잊지 않고 미국 대사답게 목에 힘주고 사는 것처럼, 우리도 이 세상에 천국 대사로 파견된 사람들이니까 하나님의 명(복음전파)을 받들어 천국 대사답게 목에 힘주고 살아야 합니다.

미국 대사가 한국 땅에서 일해도 미국에서 나머지 것들을 공급

해주듯이, 우리도 이 세상에서 하나님의 일(복음전파)을 하면 만왕의 왕이신, 천국의 왕이신 하나님께서 때에 따라 나머지 것들을 공급해주십니다. 그러기에 아무 걱정 할 필요가 없습니다. 죄 문제를 비롯한 인생의 모든 문제의 답과 하나님의 모든 보화(복)가 그리스도 안에 들어있다는 사실(골 2:2-3)! 이것이 하나님의 비밀이었는데 우리가 이런 엄청난 비밀을 알고 이 엄청난 답과 복을 누리게 된 것은, 우리가 무엇을 잘해서가 아니라 이미 창세 전에 그리스도 안에서 택함받은 자들이기 때문에 거저 얻게 된 것입니다(골 1:26, 엡 1:3-14).

그러기에 얼마나 감사한지 말로 다 형용할 수 없습니다.

우리가 얻고자 했던 최고의 것(그리스도)을 얻게 되었기에 세상 것은 저절로 다 내려놓게 되고 다 내버리게 됩니다. 배설물(똥)이라는 것을 알아버렸기 때문입니다(빌 3:8). 자기에게 주어진 시간, 자기에게 주어진 물질, 자기 몸까지 사람 살리는 일에 쓰게 됩니다. 이미 최고의 것(그리스도), 하나님의 모든 것(그리스도), 죄 문제를 비롯한 인생의 모든 문제의 답(그리스도)을 얻었으니 더 이상 부족함이 없는, 더 이상 문제 될 것도 없는 참 자유인, 천국 백성이 되었기에 말입니다.

지금 이 몸은 썩어 없어질 순간을 기다리며 천국 대사(전도자)로서 존재하고 있을 뿐입니다. 이런 엄청난 복을 누리고 전하는 천국 대사로 세워주신 하나님께 감사와 찬양을! 할렐루야!

8

뿌리 뽑힌 나무

태풍 '매미'(2003년 9월 12일~2003년 9월 13일까지 한반도 남부지역을 강타한 태풍)가 우리나라에 상륙해 엄청난 피해를 주었습니다. 뒷동산에 올라보니 그동안 그렇게도 잘난 척 폼을 잡고 서 있던 수십 년된 나무들이 뿌리가 뽑힌 채 "아이쿠!~ 나(나무) 죽네!~ 나 좀 살려주세요!~"라며 아픔을 호소하고 있었습니다. 그런데 며칠 지나자나무들이 끝내 시들어 죽었습니다. 그러자 사람들이 나무를 톱으로 잘라 모아 두었습니다. 결국 불구덩이 속으로 들어갈 날을 기다리게 된 것입니다.

나무가 누구 때문에 흙을 떠나 아파(고생)하며 시들어(늙어) 죽게되었습니까? 그렇습니다. 매미라는 태풍 때문입니다. 흙을 떠난나무가 죽어 불구덩이 속으로 들어가듯이, 하나님을 떠난 인간도시들어 죽게 되고, 결국은 지옥 불구덩이 속으로 들어가게 됩니다. 매미라는 태풍 때문에 나무가 흙을 떠난 것처럼, 사람은 사탄때문에 하나님을 떠나게 되었는데 그것이 바로 선악과 사건(사탄에 의한 인간의 오리지널 죄, 창 3:1-6)입니다.

그 죄 문제로 인해 하나님을 떠난 인간들이 흙을 떠난 나무처럼 이런저런 문제들을 만나면서 염려하고 속상해하며 "아이쿠! 미치겠네!~ 아이쿠! 죽겠네!~"라고 아파하다가 결국은 죽어 지옥 불구덩이 속으로 들어가게 됩니다. 매미 태풍 때문에 흙을 떠난 나무가 자기 힘으로 흙을 다시 만날 수 없듯이, 사탄 때문에 하나님을 떠난 인간도 인간의 힘으로 하나님을 다시 만날 수 없습니다.

만약 내가 그 나무에게 흙을 다시 만나게 해주었다면 나는 그 나무의 구세주가 되었을 것입니다. 이처럼 하나님을 떠난 인간에게 다시 하나님을 만날 수 있게 해주신 분이 계십니다. 그분이 바로 '예수'입니다. 그렇게 해주신 증거가 있습니다. 그게 예수님의 십자가 사건(피)입니다. 예수님께서 그 엄청난 십자가 사건을 통해 하나님을 다시 만나게 해주셨기에 그분이 우리의 구세주(메시아=그리스도)입니다.

하나님께서는 도덕이나 율법이나 고행이나 선행이나 공자 사상이나 석가 사상이나 그 어떤 종교행위를 통해서 구원(하나님을 다시 만남=천국)받는 것이 아니라(롬 3:27), 예수가 그리스도라는 것만 믿고 영접하면 구원받게 된다고 하셨습니다(요 1:12, 3:16, 5:24, 6:29, 20:31, 롬 3:27, 10:9-10). 천국 가는 것이, 구원받는 것이 이렇게 쉬운데 사람들이 세상 사상을 통해 이래야 된다거나, 저래야 된다거나 하면서 또한 선행이나 고행이나 피조물들을 섬기는 각종 종교행위를 강요하며 사람들을 힘들게 하고 있습니다.

특히 예수가 그리스도라는 확실한 결론을 붙잡지 못한 종교지도자들은 교인들에게 율법의 행함이 없으면 구원받지 못한다고 겁박하여 헌금을 비롯한 각종 행사에 충성하게, 봉사하게 하여 은근슬쩍 자기들의 종이 되게 합니다. 그렇게 하는 사람들은 사탄에게 속한 사람입니다. 사탄이 파송한 마귀의 일꾼들입니다.

예수님께서 십자가 사건(피)을 통해 단번에, 영원히 선악과 사건(마귀에 의한 인간의 오리지널 죄, 창 3:1-6)뿐만 아니라 율법대로 살지 못한 모든 죄까지 해결하심으로 우리를 구원(하나님을 다시 만남=천국)하셨습니다. 그래서 하나님께서는 예수가 그리스도라는 것만 믿고 영접하면 구원받는다고 하셨는데 사탄은 이것 저것 다른 방법(일)들을 해야 한다고 속이고 있습니다.

하나님 말씀대로 예수가 그리스도라는 것만 믿고 영접해 하나님을 다시 만나서 죽음문제를 비롯한 인생의 모든 문제에서 해방된 참 자유인으로, 또한 하나님의 모든 깃을 소유한 천국 백성으로서 멋지고 복된 인생을 살기 바랍니다. 흙을 떠난 나무는 빨리 흙을 만나야 하듯, 하나님을 떠난 인간은 빨리 하나님을 만나야 합니다. 샬롬!

9

괴물

'괴물'이라는 영화를 보셨나요?

환경오염으로 인해 한강에 괴물이 생겨났습니다. 그 괴물에 의해 많은 사람들이 겁과 두려움에 떨어야만 했습니다. 강두(송강호)는 하루아침에 집과 생업, 그리고 올해 중학생이 된 가장 소중한 딸 현서(고아성)까지 괴물에게 빼앗기게 됩니다. 괴물이 현서를 이리저리 끌고 다니다가 원효대교 시궁창에 던져 넣었습니다. 돈도, 백도 없는 강두 가족이기에 아무도 도와주는 사람이 없었습니다. 그러자 식구들이 위험구역으로 선포된 한강 어딘가에 있을 현서를 찾아 나섭니다.

결국은 그 괴물을 죽이고 현서를 찾게 되지만 현서는 죽어있었습니다. 인간들에게 이런 영화 같은 일이 실제로 있었는데 그것이 바로 선악과 사건(사탄에 의한 인간의 오리지널 죄, 창 3:1-6)입니다. 선악과 사건(죄)으로 인해 모든 사람들이 마귀라는 영적 괴물에게 잡혀 지옥이라는 시궁창으로 떨어질 운명에 처해 있는데 사람들이 이런 운명(영적인 내용)을 모르고 세상일에만 열심을 내고 있습니다.

마귀(귀신 두목)라는 영적 괴물에게 붙잡혀 있는 증거가 있습니다. 귀신들린 점쟁이들뿐만 아니라 귀신에게 시달리는 영적인 문제를 당하는 사람들도 많고 우울증, 불면증 등의 정신 문제로 고생하다가 자살하거나 미쳐버린 사람들도 있으며, 참고 살다가 육신까지 병들어 죽음문제를 만나고 결국은 지옥이라는 시궁창으로 떨어지는 것이 그 증거입니다.

현서가 괴물에게 붙잡힌 상태(시간)에서 시궁창에 떨어지기 전까지의 시간(동안)도 고생이었지만, 시궁창에서의 시간(생활)은 더 고생이었습니다. 선악과 사건(죄) 아래에서 태어난 우리 인생도 사탄이라는 괴물에게 붙잡혀 지옥이라는 시궁창에 떨어지기 전까지의 시간, 즉 인생을 사는 동안도 영적, 정신적, 육신적인 문제들로 고생하다가 지옥이라는 시궁창에 떨어지면 영원히 고통받게 됩니다.

그렇기에 지옥이라는 영적인 시궁창에 떨어지기 전에 해방되어야 합니다. 그러나 현서가 자기 힘으로는 괴물에게서 해방될 수 없었던 것처럼, 우리도 우리 힘으로는 마귀라는 영적 괴물에게서 해방될 수 없습니다. 현서 아버지와 그 가족들의 힘으로 괴물을 죽일 수 있었고 또한 현서를 구해낼 수 있었던 것처럼, 우리의 영원한 아버지인 하나님 아버지께서 그 괴물(사탄)을 박살 내고 우리를 해방시켜 주셨습니다. 누구를 통해서? 예수님을 통해서! 증거는? 예수님의 십자가 사건(피)! 그렇기에 예수가 우리의 구세주(메시아=그리스도)입니다.

하나님 아버지께서는 우리에게 다른 것은 못 해도 예수가 그리스도라는 것을 믿고 영접하라고 하셨습니다(요 1:12, 롬 10:9-10). 그리하면 괴물의 입안에 있다가 나오게 된 현서처럼 사탄의 입안에 있던 우리가 나오게 됩니다. 즉 죄와 사망과 사탄과 지옥에서 해방된 참 자유인으로, 또한 하나님의 모든 것을 소유한 천국 백성으로서의 영생 복락을 누리게 됩니다.

괴물에게서 해방된 현서는 죽었지만 그리스도를 통해 영적 괴물(사탄)에게서 해방된 우리는 새 생명(영생)을 소유한 천국 백성으로서 임마누엘의 복을 누리게 되었습니다. 당신도 이 복을 누리게 되기 바랍니다. 샬롬!

10

노예 해방

백인들에 의해 흑인들이 노예(종) 생활한 것을 알고 계시죠?

자기들의 뜻과 상관없이 이리저리 팔려 다니며 짐승 같은 취급을 받았습니다. 온갖 고생을 하며 자기 부모님을 만나고 싶어도, 또한 자기 고향으로 돌아가고 싶어도 갈 수가 없었던 흑인들의 슬픈 역사를 보면서 눈물만 흘릴 것이 아니라, 이 세상에 태어난 우리도 사탄에게 노예 생활을 하고 있다는 것을 알고 사탄에게서 해방돼야 합니다.

노예의 부모에게서 태어난 자녀들도 자기 뜻과 상관없이 백인의 노예가 되었듯이, 우리도 우리의 뜻과 상관없이 이 세상에 태어나는 순간 사탄의 노예(종)입니다. 왜냐면 인간의 맨 처음 사람(부모)인 아담, 하와가 하나님께서 먹지 말라던 선악과를 먹음으로 하나님 앞에 죄를 범함과 동시에 사탄에게 종(노예)노릇을 하게 되었기에 그 후손인 우리도 사탄의 노예일 수밖에 없습니다. 죄로 인해 마귀의 노예가 될 수밖에 없었던 사건이 선악과 사건입니다

(창 3:1-6).

우리가 인생을 사는 동안 죄와 죽음, 지옥 문제를 비롯한 인생의 모든 문제를 만나면서 염려하고 속(마음)상해하며 정신적으로나 육체적으로 지치고 병들 수밖에 없는 것은 선악과 사건으로 인해 하나님을 떠나 사탄의 노예가 됐기 때문입니다. 선악과 사건에 빠져있는 인간의 주인은 사탄이기 때문에 사탄의 종노릇(인생의 모든 문제를 당하면서 염려할 수밖에 없는 상태)을 안 할 수가 없습니다.

흑인 노예가 백인(주인) 때문에 자기 부모님께로, 자기 고향으로 가고 싶어도 갈 수 없게 된 것처럼 우리도 우리 하나님 아버지께로, 우리의 본향 집인 천국으로 가고 싶어도 갈 수 없게 된 것은 선악과 사건, 즉 사탄이 우리들의 주인이기 때문입니다. 그런데 어느 날 링컨 대통령에 의해 흑인 노예들이 해방되었습니다. 자유의 몸이 되었기에 백인(주인)의 말을 안 들어도 매를 맞지도, 죽지도 않았고 그들의 눈치를 볼 필요도 없어졌습니다. 자기 고향으로 돌아가 사랑하는 부모님을 다시 만날 수 있게 되었습니다.

우리도 흑인 노예들처럼 해방되었습니다. 예수님께서 십자가 사건(피)을 통해 선악과 사건(죄)에 빠진 우리를 해방시켜 주셨기 때문입니다. 예수께서 우리를 해방시켜 주셨기에 그분이 우리의 구세주(메시아=그리스도)입니다. 예수가 그리스도라는 것을 믿고 영접하기만 하면 선악과 사건(죄, 사탄)에서 해방되고, 새사람으로 거듭나게 되고, 하나님 아버지를 다시 만나게 되고, 인생의 모든 문제에서 해방된 참 자유인이 됩니다.

그러기에 제사를 안 지내거나, 사탄을 섬기지 않거나, 각종 종교행위를 하지 않으면 재앙이 임한다는 그런 사탄의 말(생각)을 듣지 않아도 얻어터지지도, 죽지도 않습니다. 예수님의 십자가 사건(피)을 통해 우리가 사탄에게서 해방되었기 때문에, 죄와 죽음문제를 비롯한 인생의 문제에서도 해방되었기 때문에 영생을 얻었기에 그런 문제들에 밟히지 않고 오히려 그런 문제들을 밟고 사는, 정복하고 다스리는 복을 누리게 된 것입니다.

대통령(왕)인 링컨에 의해 해방된 노예들처럼 우리도 그리스도(왕)이신 예수에 의해 해방되었다는 사실을 알고 멋지게 사시기 바랍니다. 그러기 위해서는 늘 예수가 그리스도(우리를 새사람으로 거듭나게 해서 그렇게 엄청난 복을 누리게 해주신 구세주)라는 것을 믿으라는 말씀에 순종해야 합니다. 샬롬!

11

종교행위에서 해방

'나는 누구인가?' '나는 누구인가?' 이렇게 '나는 누구인가'에 대해 자꾸만 생각하다 보면 '진짜 내가 누군지도 모른 채 살고 있었구나'라는 생각이 듭니다.

'어!~ 진짜 내가 누구지? 나는 사람이다! 그러면 사람이 뭐지?'

음악도 리듬, 가락, 화성, 이렇게 3요소로 나뉘고 비료도 질소, 인, 칼륨, 이렇게 3요소로 이루어져 있듯이 사람도 영, 혼, 육(몸), 이렇게 3요소로 이루어져 있습니다. 그렇게 3요소로 결합된 존재가 사람입니다. 이런 우리는 스스로 그렇게 만들어져 태어난 것도 아니며, 또한 우리가 '사람'이라고 이름을 붙인 것이 아니라 창조주(하나님)께서 영, 혼, 육을 결합하여 지금 우리의 모습을 만들어 놓고 이름하기를 '사람'이라고 했습니다(창 5:1-2).

영적인 존재이신 하나님께서 우리를 짐승처럼 혼과 육으로만 결합하신 것이 아니라 하나님의 형상대로 영적인 존재로 만드셨습니다(창 1:26). 영적인 존재이기에 짐승들이 하지 않는 종교행위를 하는 것입니다. 종교행위를 하되 창조주이신 하나님께 하면 될 텐데 인간들이 사탄에게 속아서 공중에 있는 것들에게, 땅에 있는 것들에게, 물속에 있는 것들에게 한마디로 창조주(하나님)께서 만들어 놓으신 피조물들을 상대로 종교행위를 하고 있기에 그게 문제인 것입니다.

피조물을 섬기기 때문에 피조물들만큼이나 종교의 종류도 많아서 서로가 자기 것이 좋다고 자랑하고, 으르렁거리고, 그러다가 죽이기까지 하고 있으니 안타까운 일입니다. 각종 피조물은 인간이 정복하며 다스려야 할 대상인데 그것들에게 종교행위를 하고, 그런 것들에 지배를 당하고, 그러다가 으르렁거리고 죽이기까지 하고 있으니 이것이 인간의 슬픈 현실입니다.

피조물들을 향한 종교행위가 엄숙하고 경건하여 좋게 보이지만 그것은 자신을 그것들 앞에 굴복시키는 행위이며, 스스로 그것들에게 사로잡혀 노예 생활을 하는 것에 불과한 것이며, 무엇보다도 창조주이신 하나님을 욕되게 하는 것이기 때문에 창조주 앞에 죄를 짓는 것입니다.

그런 죄와 선악과 사건(사탄에 의한 인간의 오리지널 죄, 창 3:1-6)이라는 그 엄청난 죄로 인해 죽음문제를 비롯한 인생의 모든 문제를 당하게 되고 결국 지옥으로 가는 것입니다. 이런 우리를 구원하시려고 오신 분이 계십니다. 그분이 바로 '예수'입니다. 구원해 주신 증거가 있습니다. 그게 바로 예수님의 '십자가 사건(피)'입니다. 예수님께서 그 엄청난 십자가 사건(피)을 당하시기까지 하여 그런 우리를 구원해 주셨기에 그분이 우리의 구세주(메시아=그리스도)입니다.

예수가 그리스도라는 것을 믿고 마음속에 영접하기만 하면 선악과 사건뿐만 아니라 평생의 죄를 용서받게 되고 또한 사탄에게서, 종교에서 해방되어 진짜 하나님을 다시 만날 수 있습니다. 하나님을 만나게 되었기에 '종교행위를 왜 하게 되었는지, 인간이 어떤 존재인지, 인생이 뭔지, 인생의 문제들이 어디서 왔으며, 어떻게 해결되는지'에 대해 알게 되어 이렇게 말하는 것입니다.

그대도 예수가 그리스도라는 것을 제대로 알고 믿고 영접하여 종교문제를 비롯한 인생의 모든 문제에서 해방되어 참 자유와 참 평안을 누리고, 신령과 진정으로 하나님께 예배드리는 복된 인생이 되기 바라며 이만 줄입니다. 샬롬!

12

참는 것과 누리는 것

어떤 일(문제)들로 인해 속상할 때가 있습니다.

그럴 때 속상하다는 표현을 하면 상대방에게 '밴댕이 속만도 못하다'는 소리를 듣게 되거나, 좋지 않은 인상을 줄까 봐 꾹 참게 됩니다. 참는 일이 반복되면 울체가 되어 조증, 우울증, 불면증, 노이로제, 대인기피증, 화병 등의 정신문제를 만나게 되고 육신도 상하게 됩니다.

어느 날부터인가 감정의 기복이 심해지고, 갑자기 폭식을 하고, 삶의 의욕도 없어지고, 어디까지 망가지나 보자 싶은 마음에 자꾸만 안 좋은 쪽으로 자기 자신을 몰고 가기도 합니다. 그렇게 몰고 가는데 일조하는 놈이 사탄입니다. 또한 원망, 불평, 신경질, 짜증 등 걸핏하면 토라지고 못마땅해하고, 화를 잘 냅니다. 사람이 이상하리만큼 그렇게 됩니다. 그러기에 참고 사는 것은 좋은 일이 아닙니다.

예로부터 우리나라 사람들은 '참는 것을 미덕'으로 여겨 어쨌든 참고 살아야 한다고 가르쳤습니다. 여자들은 더더욱 그래야 한다고 몰아붙였기에 억울한 일을 당해도 말도 제대로 못 하고 참고 살다 보니 속이 상해서 시꺼멓게 타버린 여자들이 많습니다. 육신(몸)이 상한 것은 얼른 병원에 가서 치료할 줄 알면서 속(마음)이 상한 것은 병이 아닌 줄 알고 그냥 그렇게 참고 삽니다. 그렇게 살다가는 가정, 사회생활을 제대로 할 수 없을 수도 있습니다. 그러기에 참고 살게 됩니다. 그렇게 참으며 엉거주춤, 위장된 표정, 위장된 평화의 삶을 살다가 어려움을 당합니다. 그러기에 참아서 되는 것도 아니고, 소리치고 사는 것도 안 좋은 것입니다(찬 544장 1-3절).

그렇다면 어떻게 해야 할까요?

결론부터 말하자면 "예수가 그리스도라는 것을 믿으라"는 말씀에 순종하면 됩니다(요 6:29). 예수가 그리스도라는 말은, 예수께서 십자가 사건을 통해 지금 만나고 있는 그 문제를 포함해서 사탄과 죄와 죽음문제를 비롯한 인생의 모든 문제를 가지고 들어온 선악과 사건(죄)을 해결하신 분이라는 뜻입니다. 그러기에 예수가 그리스도(죄 문제를 비롯한 인생의 모든 문제에서 우리를 구원하신 구세주=답)라는 것을 믿으라는 말씀에 순종하면 됩니다.

지금 만나고 있는 그 문제의 답도 예수! 죄 문제의 답도 예수! 죽음문제의 답도 예수! 한마디로 인생의 모든 문제의 답이 '예수'라는 하나님의 말씀에 순종하기 바랍니다. 믿으라는 말씀대로 믿는 것이 순종(내적 행위)입니다. 믿을 수밖에 없는(믿으라는 말씀에 순종할 수밖에 없는) 증거까지 주시지 않았습니까? 그게 십자가 사건(피) 아닙니까? 그러기에 예수가 그리스도라는 것을 안 믿을 수 없는 것입니다. 안 믿을 수 없어 믿어지는 그 믿음으로 믿으면 믿음 그대로 그런 문제들로부터 해방되어 자유케 되는 자기 자신을 발견하게 됩니다.

그리고 참 평안(천국)을 누리게 됩니다. 이런 상태에서 살게 되기에 문제가 문제로 안 보이고, 그러기 때문에 염려하거나 속상하지도 않고, 참을 필요도 없게 됩니다. 그러므로 앞에서 말한 그런 안 좋은 일들을 당하지 않게 됩니다. 이런 엄청난 하나님의 비밀(복음)을 그동안 몰라서 그렇게 살았다면 지금부터 이 복음을 받아들이고 믿으시기 바랍니다. 그리하면 치유됩니다.

뿐만 아니라 영생을 얻게 되고, 하나님의 자녀, 왕 같은 제사장이 되어 문제들을 밟고 살게 됩니다. 그러기에 참는 것이 좋은 거라며 참아야 큰 인물이 된다거나, 참는 것이 미덕이라고 가르치기보다는 예수가 그리스도(죄 문제를 비롯한 인생의 모든 문제의 답, 천국을 비롯한 하나님의 모든 보화)라는 것을 가르치는 것이 교육 중의 진짜 교육입니다. 이 교육을 '복음 교육'이라고 합니다.

이 교육은 인생의 모든 문제에서 해방된 참 자유인이 되게 하여 자유 시민, 천국 시민이 되게 합니다. 게다가 자유하기 때문에 창조적인 발상과 창조적인 행위를 통해 개인뿐만 아니라 이 나라, 이 세상의 경제까지 살립니다. 그러므로 세상을 정복하며 다스리는 왕 같은 제사장의 신분과 권세를 누리는 최고의 리더(성공자, 지도자)들이 되게 해주는 교육, 즉 복음교육이 너무너무 중요한 것입니다. 이 교육은 세상 학교에 들어가서 어렵게 공부하지 않아도 되고, 학비를 내지 않아도 됩니다. 하나님께서 주신 것을 받아 자녀들에게 전해주면 됩니다(엡 1:6).

나 혼자만, 어른들만 이런 엄청난 복을 누리고 살아서는 안 됩니다. 자녀들에게 전해줘야 합니다. 그리하면 영원히 썩지 않는 상급까지 받게 됩니다(계 22:12). 예수가 그리스도(=예수가 인생의 모든 문제의 답)라는 이 엄청난 진리를 알게 되면 자유케 되고(요 8:32), 자유하므로 남다른 창조적인 발상과 창조적인 행위를 하게 되고, 경제뿐만 아니라 사람을 살리는 생명 운동을 하게 되는 것입니다.

참을 필요도 없이 누리는 복된 삶을 살게 됩니다. 문제를 만나도 염려하거나 속상해하지 않으니까 겉으로 보기에는 참아서 그런 것 같지만 참아서 그런 것이 아니라 이미 답을 알고 있기에, 문제가 문제로 안 보이기 때문에, 이미 소화가 돼버렸기 때문입니다. 그래서 이런 내용을 모르고 참고 사는 것과 이런 내용을 알고 누리고 사는 것은 겉으로 보기에는 참는 것으로 보여 같아 보이지만 속은 완전히 다릅니다.

참는 것과 누리는 것 중 당신은 어디에 속하십니까?

인생을 참고 살렵니까?

누리고 살렵니까?

예수가 그리스도라는 이 엄청난 진리를 받아들여 지금부터 영원히 그 어디서나 천국을 누리시기 바랍니다(찬 438장). 샬롬!

13

눌림에서 누림으로

우리는 눌림의 삶보다 누림의 삶을 좋아합니다.

그러나 내(우리) 뜻과 상관없이 눌림의 삶을 살게 됩니다. 왜냐면 선악과 사건(사탄과 죄 문제)으로 인해 인생을 사는 동안 파도처럼 밀려드는 문제 앞에 염려하게 되고 속(마음)이 상하게 되기 때문입니다. 염려하고 속(마음)이 상하는 것 자체가 문제에 정복당한 상태, 즉 눌림의 삶입니다. 눌림의 삶이 지옥 같은 삶이요, 지옥 같은 삶(눌리는 삶)을 계속 살다 보면 정신적으로나 육체적으로 지치고 병들어 죽게 되고, 진짜 지옥으로 가게 됩니다.

그런 삶에서 벗어나려고 귀신들린 무속인을 찾아가 점을 보고 굿을 하거나, 창조주(하나님)가 만들어 놓은 피조물들(세상 우주 만물들) 앞에서 종교행위를 합니다. 그러나 그것은 더 무거운 짐을 짊어지는 것과 같습니다. 왜냐면 이미 인간은 선악과 사건이라는 엄청난 무거운 짐(죽음문제를 비롯한 인생의 모든 문제가 담긴 무거운 십자가)을 지고 눌리는 삶을 살 수밖에 없는데, 거기다가 다시 무속인들이

시키는 대로 해야 하고, 또한 각 종교의 교리대로 해야 하기 때문에 더 눌리게 됩니다.

세상 종교인들뿐만 아니라 예수 믿는다며 교회에 다니는 교인들까지도 교리와 율법에 매여 죄 문제에 걸려 넘어져 움츠리는 삶, 기가 죽은 삶, 눌림의 삶을 살고 있습니다. 그뿐 아니라 세상의 온갖 일(문제) 때문에 염려함으로 스트레스를 받아 마음이 상하고, 마음 상함으로 화병, 불면증, 우울증, 노이로제, 대인기피증, 피해망상증, 공황장애 등 갖가지의 정신질환이나 몸이 망가지는 문제로 고생하다가 죽어 지옥으로 가게 됩니다.

시간표에 따라 그런 코스를 따라갈 수밖에 없는 이유가 선악과 사건(사탄과 죄 문제)인데 그것을 해결해 주신 분이 계십니다. 그분이 바로 '예수'입니다. 해결해 주신 증거가 있는데 그것이 바로 '십자가 사건(피)'입니다. 예수님께서 십자가 사건(피)을 통해 선악과 사건을 해결해 주셨기에 우리가 죄와 죽음문제를 비롯한 인생의 모든 문제에서 해방되어 누림의 삶을 살게 되었습니다. 십자가 사건을 통해 이렇게 누림의 삶을 회복시켜 주셨기에 예수를 그리스도(메시아=구세주)라고 합니다.

예수가 그리스도라는 것을 믿고 영접하면 죄와 죽음문제를 비롯한 인생의 모든 문제에서 해방되어 누림의 삶을 살게 됩니다. 누림의 삶을 살게 되므로 지금까지 만난 문제들로 인해 염려하고 속상해서 생긴 우울증이나 불면증 등의 정신적인 문제나 몸이

상한 것도 치유되는 역사가 일어납니다(마 4:23-24). 그동안 눌리고 살면서 헝클어지고, 복잡하고, 답답했던 마음이 시원하게 뚫립니다.

'눌림'의 'ㄹ' 받침을 떼어내 '누림'이 되게 하신 사건이 십자가 사건(피)입니다. 예수님께서 'ㄹ' 받침을 떼어내신 구세주(메시아=그리스도)라는 것을 믿고 영접하여 하나님을 다시 만나 인생의 모든 문제에서 해방된 참 자유인으로의 삶을, 즉 '누림의 삶'을 사시기 바랍니다. 우리의 속사람은 그리스도 안에 들어와 그런 삶을 사는 자들입니다만 아담 안에서 태어난 몸이 아직 썩어지지 않아서 이 세상에 발을 딛고 있기에 사탄은 기회만 있으면 눌림의 삶이 되도록 'ㄹ' 받침을 잘 갖다 붙입니다.

그러기에 예수님께서 다시 오시는 그날까지 늘 예수가 그리스도(눌림의 'ㄹ' 받침을 떼어내 누림이 되게 해주신 구세주)라는 것을 믿으라는 말씀에 순종해서 늘 누림의 삶(그 어디서나 하늘나라를 누리는 삶)을 사시기 바랍니다. 샬롬!

14

예수가 그리스도이심을
믿는 믿음만 있으면…

"예수가 그리스도라는 것을 믿는다"는 말은 예수님께서 십자가에 달려 죽으셨을 때 나도 죽었고, 예수님께서 장사 됐을 때 나도 장사 됐고, 예수님께서 부활하셨을 때 나도 부활했고(새 몸을 입을 그날을 기다림), 예수님께서 하나님 우편에 계심으로 나도 하나님 우편에 있는 상태, 한 마디로 임마누엘(하나님이 함께하심) 상태라는 것을 믿는 것이 믿음입니다. 그러기에 그렇게 된 상태, 즉 임마누엘 된 존재라는 것을 진짜 믿는 믿음을 가졌다면 무슨 문제가 있겠으며, 뭐가 부족하겠습니까?

이미 죄 문제를 비롯한 인생의 모든 문제에서 해방됐으며 천국을 비롯한 하나님의 모든 것을 소유한 천국 백성이기에 문제 될 것도, 부족할 것도 없습니다. 그러기에 "여호와는 나의 목자시니 내게 부족함이 없으리로다…"라고 고백한 다윗처럼 오늘날 우리는 "예수가 나의 그리스도(문제 될 것도, 부족함도 없게 해주신 구세주)이시니 내게 부족함도, 문제 될 것도 없나이다"(시 23:1)라고 노래(찬송)하며 행복한 삶을 살게 된 것입니다. 새로운 피조물로 거듭나 그렇게 살게 된 자기가 진짜 자기입니다(고후 5:17, 사 43:21).

그렇게 되어있는 자기가 진짜 자기(참 나=새사람=그리스도인)인데 그리스도인이라는 사람 중에도 그렇게 되어있는 자기가 진짜 자기라는 것을 인식하지(알지, 깨닫지) 못한 채 이 세상에 발을 딛고 있는 자기가 진짜 자기인 줄 알고 세상을 사는 사람들이 많습니다(갈 2:20, 찬 407장). 그런 그리스도인들은 세상 사람(이방인)들처럼 문제만 만나면 그 문제 때문에 염려하고 속상해하며 원망, 불평, 신경질, 짜증나는 삶을 살 수밖에 없습니다.

그런 그리스도인들은 지금 현실(세상=선악과 사건이 터진 동네)에 있는 자기 자신을 바라보기 때문에 죄 문제를 비롯한 모든 문제들이 자기 문제로 보이게 되고 그렇게 보이게 되므로 이미 그리스도 안에서(십자가 사건을 통해) 해결된 문제들 앞에 또 염려하게 되고, 염려하게 되므로 속상하게 되고, 원망, 불평, 신경질, 짜증나는 삶이 반복되다 보니 정신적으로나 육체적으로 지치고 병들 수밖에 없는 것입니다.

그러기에 예수가 그리스도, 즉 '예수'께서 죄 문제를 비롯한 내 인생의 모든 문제를 십자가 사건(피)을 통해 완전히, 영원히 해결해 주셨다는 것을, 새로운 피조물로 거듭나게 해서 그분을 노래하는 행복한 삶을 살게 해주셨다는 것을, 하나님께서 지으신 목적대로 되게 해주셨다는 것을(사 43:21), 그러기에 그분이 나의 '구세주(메시아=그리스도)'라는 것을 믿는 믿음이 중요한 것입니다.

한마디로 예수가 그리스도(새로운 피조물로 거듭나게 해서 그분을 노래하며 그 어디서나 하늘나라, 참 행복을 누리게 해주신 구세주)라는 것을 믿으라는 말씀에 순종하는 것이 너무나도 중요한 것입니다. 순종할 때 하나님의 응답이, 하나님의 전능하신 역사가 일어납니다. 실제로 그 어디서나 하늘나라를 누리게 되고(찬 438장) 무슨 일을 만나든지 만사형통하게 됩니다(찬 384장). 그래서 그리스도(기독)교를 체험의 종교라고 하는 것입니다.

하나님께서는 예수가 그리스도라는 것을 깨닫게 되기를, 그리고 그것을 믿으라는 말씀에 순종하기를 바라고 계시는데(요 20:31) 사람들은 이런 말씀에 귀를 기울이지 않고 세상일에만 빠져 삽니다. 세상 사람들은 물론 그리스도인이라는 사람들중에도 그런 사람들이 많습니다. 그러기에 이렇게 복음편지(예수가 그리스도라는 것을 깨닫기를, 그리고 그것을 믿으라는 말씀에 순종하여 하나님께서 주신 이런 엄청난 복을 누리기를 바라는 글)를 써서 보내는 것입니다. 이것이 전도입니다. 예수가 그리스도라는 말이 무슨 말인지 제대로 알고 그 말씀에 순종하고 사는 사람들은 전도도 되어지고, 모든 것이 다 되어지는 것입니다. 어떤 문제든지 다 뛰어넘게 됩니다(찬 357장).

그러기에 이 세상에서의 삶도 너무나 기쁘고 즐겁고 신이 납니다. 너무나 행복해 말로 형용할 수 없습니다. "그 크신 하나님의 사랑 말로 다 형용 못 하네…"라고 노래하게 됩니다(찬 304장). 그런 삶이기에 이 세상에서의 주어진 시간과 물질과 몸을 사람 살리는 일에 던지게 됩니다. 이것이 이웃 사랑, 민족 사랑, 인류 사랑입니다. 율법적으로 "그런 사람이 되어라"라고 해서 그런 사람이 되는 게 아니라 "예수가 그리스도라는 것을 믿으라"는 말씀에 순종하면 그렇게 됩니다.

또 하는 말이지만 예수가 그리스도라는 것을 제대로 알고 제대로 믿고 사는 것이, 즉 "예수가 그리스도라는 것을 믿으라"는 말씀에 순종하며 사는 것이 너무나도 중요합니다. 그리하면 천국까지 환한 길을 걷게 됩니다(찬 449장).

그대도 예수가 그리스도라는 말이 무슨 말인지 제대로 알게 되기를, 알았으면 그것을 믿으라는 말씀에 순종하여 전 우주를 주고도 얻을 수 없는 이 엄청난 복을 누리시기 바랍니다. 샬롬!

15

허상(그림자)을 통해 실상을 붙잡아라!

여기 자동차가 있습니다. 그리고 자동차(실상) 옆에 자동차의 그림자가 있습니다. 실상과 그림자 중 당신은 어느 것을 붙잡으시렵니까? 당연히 실상을 붙잡을 것입니다. 왜냐면 자동차의 그림자를 붙잡아봤자 아무 소용없기 때문입니다. 마찬가지로 세상 것들은 천국 것(실상)들의 그림자에 불과하기에 그 그림자(세상 것들)를 붙잡고 살아봤자 소용없는 것입니다(전 1:2-3). 그런데도 사람들이 그림자를 더 많이 움켜잡기 위해 몸부림을 칩니다. 심지어 상대방을 죽이기까지 하며 더 많이 움켜잡으려고 합니다.

그럴 수밖에 없는 이유는 인간이 선악과 사건(사탄에 의한 인간의 오리지널 죄, 창 3:1-6)에 빠져 있기 때문입니다. 죄로 인해 하나님을 떠난 인간, 영안이 어두워진 인간이기에 영적인 것(실상)들이 보이지 않으므로 그럴 수밖에 없습니다. 육신의 아버지(하나님 아버지의 그림자)가 계시다는 말은 하나님 아버지(실상)가 계시다는 말입니다. 세상 집의 문(천국 문의 그림자)이 있다는 말은 천국 문(실상)이 있다는 말인데 사람들이 죄로 인해 영안이 어두워졌기에 이런 영적인 것(실상)들이 보이지 않으므로 그럴 수밖에 없습니다.

사람들이 눈(육안)에 보이는 것만 존재하는 줄 알고, 눈에 보이는 세상 것들이 실상인 줄 알고, 그런 것들은 눈에 보이지 않는 것(실상=하늘의 것)들의 그림자들인데, 그렇다는 것을 모르기에, 그것들을 더 많이 붙잡으려고 상대방을 죽이기까지 하는 것입니다. 그렇게 살다가 자기도 죽고 결국은 지옥 불 못에 빠지게 되는데 육적인 소경이 길을 가다가 똥물이 담겨 있는 함정에 빠지는 것처럼, 영적 소경인 인간(죄인)들이 이런 영적인 내용을 모르고 가다가(살다가) 유황불이 담겨 있는 함정(지옥)에 빠집니다.

그렇다면 어떻게 해야 세상 것(그림자)을 통해 하늘의 것(실상)을 바라볼 수, 붙잡을 수 있을까요? 인간이 선악과 사건으로 인해, 즉 죄로 인해 하나님을 떠나 죽음문제를 비롯한 인생의 모든 문제를 만나게 되었기에, 영안도 어두워졌기에, 무엇보다도 먼저 죄 문제를 해결하면 됩니다. 그러나 말과 뜻과 행실을 깨끗하고 착하게 해도, 한마디로 율법을 비롯한 그 어떤 법이나 인간의 그 어떤 행위로도 해결할 수 없습니다(롬 3:27).

그런데 해결해 주신 분이 계십니다.
그분이 바로 '예수'입니다. 해결해 주신 증거가 있습니다. 그게 바로 예수님의 십자가 사건(피)입니다. 그러기에 예수가 그리스도라는 것을 안 믿을 수 없습니다. 예수가 그리스도라는 것을 믿고 영접하기만 하면 죄 문제가 해결되고 하나님을 다시 만나게 됩니다. 물론 영안이 열려 영적인 것(실상)들을 바라보게 됩니다. 또한 사탄과 죽음문제를 비롯한 인생의 모든 문제에서 해방된 참 자유인이 되고 하나님의 모든 것을 소유하게 된 천국 백성의 신분과 권세를 누리게 됩니다.

지금 이 세상에서의 우리에게 주어진 시간(인생)은 세상 것(그림자)을 통해 하늘의 것(실상=그리스도=그리스도 안에 죄 문제를 비롯한 인생의 모든 문제의 답이 들어 있고, 영생은 물론 천국을 비롯한 하나님의 모든 보화가 담겨 있음)을 붙잡으라고 주어진 시간입니다. 이미 실상(천국 것)을 붙잡은 사람은 세상 것(그림자=허상)을 많이 가졌다고 목에 힘주지 않고 오히려 겸손하며, 또한 그런 것들을 영원한 상급(장차 천국에서 받을 실상의 상급)을 받는 일(예수가 그리스도라는 것을 전하는 일=사람을 살리는 일)에 사용하게 됩니다. 이것이 이웃을, 민족을, 인류를 사랑하는 일입니다. 샬롬!

16

금붕어의 죽음

어느 해 여름방학 때 실제로 있었던 일(사건)입니다.

방학 중이었기에 며칠 만에 학교에 갔습니다. 음악실 수족관의 금붕어들에게 먹이를 주러 갔더니 금붕어 한 마리가 음악실 바닥에 떨어져 죽어 있었습니다. 물을 떠난 금붕어가 교실 바닥에서 파닥거리며 자기 나름대로 살아보려고 얼마나 몸부림을 쳤겠습니까? 그러나 죽음을 만나게 되었고 결국 쓰레기통에 들어가고 말았습니다.

선악과 사건(사탄에 의한 인간의 오리지널 죄로 인해 하나님을 떠난 사건=생명의 물을 떠난 사건, 창 3:1-6))으로 하나님을 떠난 인간도 거대한 세상 바닥에서 살아보려고 몸부림을 쳐보지만 사는 날 동안 이런저런 죄를 짓고, 이런저런 문제들을 만나면서 염려하고 속상해하고, 원망, 불평, 신경질, 짜증나는 지옥 같은 삶을 살다가 죽음문제를 만나게 되고 결국 지옥으로 가게 됩니다.

그러므로 물을 떠난 금붕어와 하나님을 떠난 인간의 일생이 비슷하다는 것을 알 수 있습니다. 세상에 태어난 인간은 누구나 다 선악과 사건(죄)으로 인해 시간표에 따라 이런저런 문제들을 만나다가 결국은 죽음문제, 지옥 문제를 만나게 되어있기에 하는 말입니다.

물을 떠나 교실 바닥에 떨어져 죽어 있는, 그리고 쓰레기통에 들어가 있는 금붕어를 상상하면서 대답해보시기 바랍니다. 왜 금붕어가 죽기 전까지 교실 바닥에서 파닥거리며 몸부림을 쳤을까요? 왜 금붕어가 죽었을까요? 왜 금붕어가 쓰레기통으로 들어가고 말았을까요? 이유는 하나입니다. 물을 떠났기 때문입니다.

그렇다면 왜 사람들이 세상 바닥(선악과 사건이 터진 동네)에 떨어져서 파닥거리고(몸부림을 치고) 있을까요? 왜 사람들이 이런저런 문제들을 만날까요? 왜 인간이 죽을까요? 왜 사람들이 죽어 지옥 불구덩이 속으로 들어갈까요? 그렇습니다. 이유는 하나입니다. 하나님을 떠났기 때문입니다. 하나님을 떠난 사건이 선악과 사건(사탄에 의한 인간의 오리지널 죄)입니다(창 3:1-6).

물을 떠난 금붕어가 죽기 전에 물을 다시 만나면 살 수 있듯이 우리도 죽기 전에 하나님을 다시 만나면 영생을 얻게 됩니다. 그것은 천국에서의 영원한 삶입니다. 그런데 문제는 인간의 힘, 인간의 그 어떤 방법으로도 영생을 얻을 수 없다는 것입니다. 금붕어가 자기 힘으로 물속에 들어갈 수 없듯이 죄로 인해 하나님을 떠난 인간도 인간의 힘, 인간의 그 어떤 방법(돈, 지식, 명예, 권력뿐 아니라 도덕, 율법, 각종 종교행위 등)으로도 하나님(물=천국) 속으로 들어갈 수 없습니다(롬 3:27).

그러기에 참 문제입니다.

그러나 영생을 얻을 수 있는 방법이 있습니다. 예수가 그리스도라는 것을 믿고 영접하면 됩니다(요 1:12, 3:16, 롬 3:27, 행 2:38). 예수가 그리스도라는 말은 예수께서 우리를 다시 하나님(물=천국) 속으로 넣어주신 구원의 하나님(구세주=메시아)이라는 말입니다. 그렇게 해주신 증거가 있습니다. 그게 예수님의 십자가 사건(피)입니다.

하나님께서는 우리에게 아무것도 요구하지 않고 오직 예수가 그리스도라는 것만 믿고 영접하면 하나님을 다시 만나게 된다고, 영생을 누리게 된다고 하셨습니다. 뿐만 아니라 율법과 죄와 사탄, 그리고 죽음문제를 비롯한 인생의 모든 문제에서 해방되어 자유케 됩니다. 천국을 비롯한 하나님의 모든 보화(복)를 누리게 됩니다. 지금부터 그 어디서나 하늘나라를 누리게 됩니다(찬 438장).

하나님을 누리고 살게 되면 지금까지 살면서 염려하고 상처받은 것들로 인해 정신적으로나 육신적으로 지치고 병든 것이 치유되며, 귀신에게 시달리는 문제도 해결됩니다. 더 이상 문제 될 것도 없고, 더 이상 부족함이 없게 됩니다. 그 어디서나 하늘나라를 누리게 됩니다. 어떤 일을 만나도 만사형통하게 됩니다(찬 384장).

그러기에 이 세상에서 주어진 시간과 물질과 몸을 사람 살리는 일에 쓰게 됩니다. 이것이 참 선행이요, 이것이 이웃 사랑, 민족 사랑, 인류 사랑입니다.

그대도 예수가 그리스도이심을 믿고 받아들여서 그 어디서나 하늘나라를 누리는 삶, 진짜 참 행복한 삶을 누리시고 주님이 기뻐하시는 선행도 많이 하셔서 상급도 많이 받으시기 바랍니다. 샬롬!

17

어떤 문제든지
항상 이길 수 있는 방법

어떤 문제든지 항상 이길 수 있는 방법이 있습니다.

언제 어디서나 예수가 그리스도(죄 문제를 비롯한 인생의 모든 문제의
답)라는 것을 믿는 믿음을 가지고 살면 됩니다('주 믿는 사람 일어나'라
는 찬송가 357장 가사 참조). 예수가 그리스도라는 것을 믿는 '믿음'이
온 세상, 온 문제를 이기게 합니다. 그런데도 사람들이 믿으라는
것은 믿지 않고 믿지 않아도 될 것은 잘 믿고 삽니다.

그리고 예수가 그리스도라는 것을 안다고 하지만 세상 삶 속에
서 잘 잊고 삽니다. 그러기에 문제만 만나면 그 문제에 걸려 넘어
져 염려하고 속상해하며, 원망, 불평, 신경질, 짜증나는 지옥 같은
삶을 살게 됩니다. 그래서 예수가 그리스도라는 것을 잊지 말라고
하나님께서 "쉬지 말고 기도하라"고 하신 것입니다(살전 5:17). 이것
달라, 저것 달라, 그런 유치한 기도를 하라는 것이 아닙니다.

하나님 아버지께서는 이미 우리에게 무엇이 필요한지 다 아시고, 다 챙겨주셨고, 다 해결해 주셨습니다. 언제 그랬냐고요? 예수님의 십자가 사건 때입니다. 선악과 사건으로 인해 죄와 사탄과 죽음문제를 비롯한 인생의 모든 문제를 만나게 된 우리를, 하나님을 떠나 하나님의 모든 것을 잃어버린 채 사탄의 종노릇(이미 주어진 문제를 만나면서 염려하고 속상해하고 또한 늘 부족함으로 인해 원망, 불평, 신경질, 짜증나는 신세타령)을 하며 사는 우리를 구원해 주신 하나님께 늘 감사기도 드리며 살라는 말입니다.

"선악과 사건 한 방으로 터진 인생의 모든 문제를 예수님께서 십자가 사건 한 방으로 단번에 영원히 깨끗하게 해결하셨습니다 (히 9:12, 10:10)." 우리가 해결할 수 없는 엄청난 문제를 예수님께서 해결해 주셨으니 그분이 구세주(메시아=그리스도)가 아니고 무엇이겠습니까? 그러기에 예수가 그리스도(죄 문제를 비롯한 인생의 모든 문제의 답)라는 이것 한 가지만 제대로 깨닫고 믿으면 죄 문제뿐만 아니라 인생의 모든 문제에서 해방된 참 자유인이 되고, 하나님을 다시 만나 하나님의 모든 것(복)을 누리게 되는 천국 백성이 됩니다.

지금 우리는 이런 사람(참 자유인)이 되어 이런 엄청난 복(천국 백성)을 누리고 있습니다. 이렇게 되어있는 내(우리)가 진짜 '나(우리)'입니다. 그런 내가 진짜 나라는 것을 믿는 믿음의 사람은 세상이, 문제들이 감당하지 못하고 두 손 들게 됩니다(히 11:38). 세상을, 즉 죽음문제를 비롯한 모든 문제를 밟고 다니게 됩니다. '아하! 나는 이렇게 되어있는 새로운 피조물(새 사람), 거듭난 사람, 왕 같은 제사장이로구나'를 알고 사는 사람이 가장 복된 사람, 행복한 사람입니다(고후 5:17, 벧후 2:9, 신 33:29). 이런 사람이 되어있다는 것을 고백하는 것이 기도입니다.

이렇게 복된 인생이 되게 해주신 하나님께 감사기도를 드리는 것이 진짜 참 기도입니다. 여기에 곡조를 붙이면 찬송(참 노래)이 됩니다. 그래서 늘 찬미의 제사(예배)를 드리는 삶이 됩니다(히 13:15). 우리는 그런 삶을 사는 사람들입니다. '예수가 나의 그리스도!'라는 이 한마디 고백이 우리가 드릴 수 있는 최고의 감사요, 최고의 찬송입니다. 그러니 우리의 삶은 늘 감사와 찬송입니다. 이것이 예배하는 삶입니다. 이렇게 늘 예배하고 있는데 하나님께서 기뻐하지 않으시겠습니까?

하나님과 늘 붙어서 교제하며 사는 데 문제 될 것이 무엇이겠으며, 무엇이 부족하겠습니까? 그래서 룰루랄라의 즐거운 인생이 되는 것입니다. "예수가 그리스도라는 이것 하나가 사람을 일으켜 세우고, 사람을 성공시키고, 사람을 살립니다." 그리스도를 통해 이렇게 되게 되어있습니다. 이것이 하나님의 비밀이었는데 그분의 성도들에게는 드러났습니다(골 1:26). 예수가 그리스도라는 말을 자꾸만 듣다 보면 예수가 그리스도라는 이 한마디가 너무너무 중요한 말이라는 것을 체험하게 됩니다. 왜 이렇게 항상 예수가 그리스도라는 말을 하고 있는지 알게 됩니다.

사람들이 예수가 그리스도라는 것을 몰라서 고생하기도 하지만 알고 있으면서도 믿으라는 말씀에 순종을 안 해서, 즉 불순종해서 고생하는 경우가 많습니다. 사람들이 염려하고, 속상해하고, 원망, 불평, 신세타령을 하는 것은 예수가 그리스도라는 것을 믿는 '믿음'이 없기 때문입니다. 그러기에 예수가 그리스도라는 것이 믿어지는 '믿음'이 자기에게 오기를 간절히 구해야 합니다(갈 3:23).

그렇게 믿음이 온 후에도 항상 예수가 그리스도라는 것을 고백(기도=찬송=예배)하며 사시기 바랍니다. 그리스도의 체질이 될 때까지 쉬지 말고 하시기 바랍니다. 어느새 그리스도의 체질이 되어있는 자기 자신을 발견하게 될 것입니다. 어떤 문제든지 항상 이기고 있는 자기 자신을 발견하게 될 것입니다. 샬롬!

18

그리스도의 체질 되기

드라마 '베토벤 바이러스'에서 지휘자 역할을 했던 김명민(강마에) 씨를 아십니까? 그는 지휘자의 역할을 잘하기 위해 잠꼬대를 할 정도로 음악을 틀어놓고 지냈다고 합니다. 그리고 잠시라도 방심하면 자신의 원래 모습(습관)이 나오기 때문에 매일 지휘자라는 배역을 생각하며 살았다고 합니다.

나는 이 말을 들으면서 영적으로 생각했습니다.

우리가 예수가 그리스도라는 것을 믿는 믿음의 사람이라면 죄와 사탄과 죽음문제를 비롯한 인생의 모든 문제에서 해방된, 졸업생임과 동시에 하나님을 만나 하나님의 모든 것을 소유한 천국 백성이요, 왕 같은 제사장인데… 한마디로 그리스도인인데… 이것이 하나님께서 우리에게 맡겨 주신 배역인데… 그렇다면 이 배역을 잘 감당하기 위해 우리가 잠꼬대할 정도로 예수가 그리스도라는 것을 들어야 하고, 믿고 살아야 하며, 또한 인생의 모든 문제에서 졸업한 졸업생임과 동시에 천국 백성이요, 왕 같은 제사장이라는 것을 매일 생각하며 살아야 하지 않겠습니까?

그러면 어느새 진짜 왕 같은 제사장, 선지자의 역할을 제대로 하게 될 것입니다. 김명민 씨도 처음부터 그렇게 지휘를 잘한 것이 아니라 항상 음악을 듣고 지휘를 함으로써 인해 자기의 원래 습관을 떨쳐버리고 지휘자로서의 역할을 멋지게 잘 해냈던 것처럼, 우리도 항상 예수가 그리스도라는 것을 듣고, 생각하고, 잊지 않고, 믿고 살면(믿으라는 말씀에 순종하고 살면) 왕 같은 제사장, 선지자 (그리스도)의 체질이 됩니다.

하나님께서는 이미 예수가 그리스도라는 것을 믿는 자들에게는 이런 엄청난 복을 주셨습니다. 그러나 대부분의 사람이 이런 엄청난 복을 복인 줄 모르거나 믿지 않습니다. 하나님께서 우리에게 그리스도를 주셨다는 말은 우리에게 모든 것을 다 주셨다는 말인데 그리스도 안에 죄와 죽음문제를 비롯한 인생의 모든 문제의 답이, 영생은 물론 천국을 비롯한 하나님의 모든 보화가 담겨 있기에 말입니다.

그러기에 그리스도를 발견했다면 엄청난 복을 받은 것인데 사람들이 그리스도가 뭔지 제대로 모르거나, 알아도 그리스도가 답 그 자체, 복 그 자체라는 것을 믿으라는 말씀에 순종하지 않기 때문에 그 엄청난 복을 누리지 못하는 것입니다. 그런 엄청난 복은 돈으로도, 명예로도 구할 수 없는 것입니다. 율법을 비롯한 세상 그 어떤 것으로도 구할 수 없는 것인데 그런 엄청난 복을 놔두고 세상 것들을 통해 복을 누려보겠다고 애를 쓰고 있으니 하나님께서 보시기에 얼마나 안타까우시겠습니까.

그런 엄청난 복을 누리며 왕 같은 제사장으로, 사람 낚는 어부로 살면 상급까지 받게 될 텐데(벧전 2:9, 마 4:19, 계 22:12)… 이런 엄청난 신분과 권세는 세상의 유명한 하버드 대학을 나와도 주지 않는데… 그런데도 이런 엄청난 신분을 가볍게 여기거나, 우습게 여기며 누리지를 못하고 있으니 안타까운 마음입니다. 그런 엄청난 복을, 그런 엄청난 신분과 권세를 누리고 살려면 계속해서 예수가 그리스도(그렇게 해주신 구원의 하나님)라는 것(말씀)을 들어야 합니다.

항상 음악을 듣고 지휘를 했던 김명민 씨처럼 말입니다. 그리하면 진짜 지휘자처럼 지휘하게 되는 체질이 되는 것처럼 항상 예수가 그리스도라는 것(말씀)을 듣고, 들었으면 그것을 믿으라는 말씀에 늘 순종하여 왕 같은 제사장의 일을 하시기 바랍니다. 그리하면 그리스도(왕, 제사장, 선지자)의 체질이 됩니다. 그리스도의 체질이 되면 자기의 옛 모습을 바라보며 신세타령(원망, 불평, 신경질, 짜증, 자책감, 죄책감, 열등감, 배신감 등의 하소연)을 하지 않게 됩니다.

그리스도 체질이 되면 어떤 문제를 만나도 문제로 안 보게 되고 또한 부족함 없는 만족함 속의 복된 삶을 살게 됩니다. 김명민 씨는 연극이지만 그리스도인인 우리는 실제 상황입니다. 그런데도 이 복을 누리지 못해서야 되겠습니까? 그리스도를 펑펑 누리시고 복 받는 사람이 되기를 그리스도이신 예수 이름으로 축복합니다.

19

오페라

오페라를 보신 적 있습니까?

나는 오페라를 본 적도 있고, 오페라의 주인공으로 열연한 적도 있습니다. 난생처음 오페라의 주인공으로 발탁되었을 때 참으로 기뻤습니다. 몇 달 동안 연습을 하고 무대에 올랐을 때의 감동, 오페라를 마친 후 많은 사람들로부터 뜨거운 박수를 받았던 그 감동은 참으로 엄청났습니다. 그동안 무대에서 연주를 많이 했지만 오페라의 무대는 더 특별한 감동이었습니다.

그래서 더더욱 열심히 해서 세계적인 성악가가 되려고 했습니다만 예수가 그리스도라는 것을 알고 난 후 그런 오페라보다 더한 오페라가 있다는 것을, 소설 같은 오페라가 아니라 진짜 참 오페라가 있다는 것을, 그리고 그 오페라의 주인공이 진짜 주인공이라는 것을 알았기에 세상 노래를 부르는 성악가가 되려고 했던 생각을 집어던져 버렸습니다. 그런 것을 해서 세상 사람들로부터 박수를 받고 돈과 명예를 얻게 된다 해도 그 모든 것이 헛되고 헛된 것임을(전 1:2-3), 배설물이라는 것을 알아버렸기 때문입니다(빌 3:8).

지금은 하나님의 뜻(세계 복음화)을 이루어드리는, 그리고 하나님을 찬양하는 진짜 오페라의 참 주인공(전도자)이 되었습니다. 그래서 이런 글들을 적어 보내는 것입니다. 세상 오페라에는 푸치니의 토스카, 라보엠, 베르디의 라트라비아타, 아이다, 모차르트의 돈 지오반니, 피가로의 결혼, 마스카니의 카발레리아 루스티카나 등이 있습니다. 이렇게 오페라는 오페라의 제목과 작곡자가 있습니다.

그리고 감독도 있고, 무대 위에 배경과 그 무대 위에서 열연하는 주인공도 있고, 엑스트라들도 있습니다. 그 모든 것은 오페라의 주인공을 위해서이며 관객들 역시 주인공에게 집중합니다. 그런데 하나님께서 작곡한 오페라의 제목을 아십니까? 그게 '세계 복음화'입니다(행 1:8). 다른 말로 '잃어버린 양을 찾아'입니다. 이 오페라 주인공의 이름이 '예수'입니다. 우리는 목자(신랑) 되신 그분의 신부, 즉 예수가 그리스도라는 것을 믿는 그리스도인(전도자)인 우리는 여자 주인공(신부)입니다.

남원 땅 춘향이에게 "다시 오겠다"라고 약속하고 한양으로 떠난 이 도령처럼, 우리의 신랑이신 예수님께서도 우리에게 "다시 오마" 약속하시고 천국으로 가셨습니다. 오시기 전까지 성령으로 함께 할 테니 '세계 복음화'에 앞장서 달라는 말씀을 남기고 가셨습니다(행 1:9-11). 한양 간 이 도령이 암행어사가 되어 배신하지 않고 기다리던 남원 땅의 춘향이를 다시 찾아온 것처럼… 그래서 춘향이를 괴롭혔던 변 사또와 그의 졸개들은 심판받고 감옥에 갇히고, 칠성판을 목에 걸고 감옥에 있던 춘향이는 풀려나와 이 도령과 혼인 잔치를 한 것처럼, 우리의 신랑이신 예수님도 배신하지 않고 기다리며 세계 복음화하고 있는 우리에게 암행어사(심판주)가 되어 다시 오실 것입니다.

그분이 다시 오시는 날은 그동안 우리를 욕하고 핍박했던 자들이 심판받고 지옥 불구덩이에 처박히게 될 것이며, 우리는 신랑이신 예수님과 인류 최대의 혼인 잔치를 하게 될 것입니다.

지금은 '세계 복음화'라는 하나님의 오페라의 마지막 장이 진행 중입니다. 왜냐하면 예수가 그리스도라는 것을 모르고 그분을 십자가에 처형시켜 버린 이스라엘 백성들이 이제는 예수가 그리스도라는 것을 믿고, 찬송하고 예배하는 일이 벌어지고 있기 때문입니다.

그렇다면 이방인(이 세상 사람) 중에 구원받을 숫자가 다 채워졌다는 뜻입니다(롬 11:25). 정말 예수님께서 다시 오실 때가 됐나 봅니다. 그래서 오페라의 마지막 장이 진행 중이라고 한 것입니다. 이 오페라에 우리가 그분을 끝까지 배신하지 않고 주인공(신부)으로의 역할을 잘하면, 작곡자이며 감독이신 하나님과 그리고 많은 천군 천사들로부터 잘했다고 칭찬받고 상급까지 받게 됩니다. 완전 스타가 되는 것입니다. 스타가 돼도 푸치니, 베르디, 모차르트가 작곡한 세상 오페라의 잠시 잠깐의 스타가 아니라 영원한 스타가 되는 것입니다.

하나님께서 작곡하시고 감독하시는 '세계 복음화(잃어버린 양을 찾아)'라는 진짜 참 오페라의 여자(신부=전도자) 주인공으로 발탁되어 쓰임 받고 있다는 사실이 얼마나 감사하고 영광스러운지 말로 다 형용할 수가 없습니다. 정말 영광스러운 일입니다. 이런 영광이 어디 있겠습니까. 소설 같은 세상 오페라의 주인공으로 발탁된 것도 영광스럽다고 자랑스럽게 여기며 좋아하는데, 하물며 창조주이신 하나님의 실제 오페라에 주인공(전도자)으로 발탁되어 열연하게 되었으니 어찌 자랑스럽지 않으며, 어찌 감사하지 않을 수 있겠습니까.

그러기에 나의 영혼 깊숙한 곳에서 이렇게 감사의 기도가 터져 나오는 것입니다.

"오! 주여! 감사합니다! 하나님께서 작곡한 오페라 '세계 복음화'의 주인공으로 세워주심을!"

20

선택

TV에서 다섯 살 된 아이가 "귀신이 보인다"라며 자기가 본 귀신을 그림까지 그려 보였습니다. 천주교 신자인 아이 엄마는 걱정이 돼서 무속인을 찾아가 이유를 물었습니다. 그러자 "사주팔자가 귀신 들릴 사주"라며 "절로 보내야 된다"고 했고, 절에서 나온 퇴마사(귀신 쫓아내는 승려)는 그 아이의 머리에 손을 얹고 귀신을 쫓아낸다며 주문을 외운 후 엄마랑 떨어져 있으면 안 된다고 했습니다. 정신과 의사는 귀신을 본 것이 아니라고 단정했습니다.

그런데 하나님께서는 귀신이 분명히 존재한다고 하셨고, 인간을 선악과 사건에 빠지게 하여 하나님을 떠나 죽음문제를 비롯한 인생의 모든 문제를 당할 수밖에 없게 한 존재가 귀신(사탄)이라는 것을, 그래서 인간이 사는 동안 귀신 들리거나 귀신에 시달리기도 한다는 것과 그 귀신과 함께 사는 존재이기에 이런저런 저주를 당하다가 지옥 불 못에 처박힌다는 것, 예수님께서 다시 오실 그날까지 귀신은 계속 활동한다는 것을 말씀하셨습니다.

거룩한 영이신 하나님은 더러운 영인 사탄과 그의 졸개들인 귀신들이 하는 일을 자세히 가르쳐 주셨는데도 세상 사람들은 이런 영적인 내용을 제대로 모르면서 자기 생각대로 판단하고 말합니다. 그게 바로 사탄(귀신들의 우두머리)에게 속해 있기 때문입니다. 인간은 선악과 사건 때 이미 사탄의 손아귀에 들어가 있는 존재이기 때문에 이런 영적인 내용에 대해 잘 모릅니다. 하나님을 다시 만나야 알게 되고 또한 귀신에게서도 해방될 수 있습니다.

하나님을 다시 만날 수 있는 방법이 있습니다.

예수가 그리스도라는 것을 믿고 영접하면 됩니다. 예수가 그리스도라는 말은 예수께서 십자가 사건(피)을 통해 선악과 사건을, 즉 선악과 사건으로 인한 죄와 사탄과 죽음문제를 비롯한 인생의 모든 문제를, 해결해 주신 구원의 하나님(구세주=그리스도)이라는 뜻입니다. 그러니까 죄와 귀신 문제뿐만 아니라 죽음문제를 비롯한 인생의 모든 문제에서 해방된 참 자유인이 되고 하나님을 다시 만나 하나님의 모든 것을 소유한 천국 백성이 되는 방법은 예수가 그리스도라는 것을 믿고 영접하는 방법밖에는 없습니다. 이것은 하나님 말씀의 핵심입니다(요 20:31).

앞에서 말한 무속인, 승려, 정신과 의사 등 세상 사람들의 말을 듣고 살 것인가? 아니면 하나님 말씀대로 살 것인가? 누구 말을 들으시렵니까? 선택은 자유입니다. 선악과를 먹은 것도 인간의 선택이었고, 예수가 그리스도라는 것을 믿고 영접하는 것도 인간의 선택입니다. 그리고 무속인의 말, 승려의 말, 정신과 의사의 말을 듣고 그것을 믿는 것도 인간의 선택입니다. 순간의 선택이 십년 아니, 영원을 좌우합니다.

　사람은 믿을 게 못 된다는 말이 있습니다.
　거짓의 아비인 사탄에게 속해 있기 때문입니다. 그러기에 주어진 그 자유(선택)의지를 하나님 말씀을 믿고 받아들이는데에 사용해 사탄에게서도 해방되고 하나님도 다시 만나 이런 엄청난 내용을 알고 또한 하나님의 엄청난 복도 누리시기 바랍니다. 샬롬!

영적 체질을
개선하라!

-2부-

21

병든 자임을 알아야
치유의 길도 알게 된다

사람들은 어떤(교통) 사고로 인해 크게 다친 육적인 중상자만 중상자인 줄 압니다. 그러나 이미 인간은 선악과 사건이라는 교통사고를 당한 중상자입니다(창 3:1-6, 렘 10:19). 이런 중상자라는 것을 자각하지도 못하고 그냥 이게 인생이려니 하고 삽니다. 그러니까 육적인 부상만 안 당하고 살면 되는 줄 압니다. 이미 인간은 부상자인데… 부상을 당해도 다시 살 수 없을 정도로 중상을 입었는데 말입니다. 영적으로 완전 식물인간인데 말입니다.

그러기에 자기 아버지(하나님)도 몰라보고 또한 이렇게 사고(선악과 사건)를 내게 해서 자기에게 중상을 입힌 사탄도 몰라보는 것입니다. 영적 식물인간이 되었기에 누구에 의해서, 어떤 사고로, 어떻게 다쳤는지 아무것도 모르고 그저 '무엇을 먹을까?' '무엇을 입을까?' '어떤 일(직업)을 할까?'라는 생각만 하고 삽니다(마 6:31-32,

벧후 2:12). 위(하늘=천국=하나님=복음전파)를 바라보고 사는 삶이 아니라 아래(땅=세상 부귀영화)만 바라보고 사는 삶입니다. 그리고는 많이 챙겼다고 목에 힘주고 삽니다.

인간이 어떤 존재인지, 어떻게 사는 게 인생인지, 왜 죄와 죽음 문제를 비롯한 영적, 정신적, 육신적인, 이런저런 수많은 문제를 당하게 됐는지, 어디로 가고 있는지도 모르고 강물에 떠내려가는 똥 덩어리처럼 그냥 떠내려가고 있습니다. 그곳이 지옥인데 지옥으로 가는 줄도 모르고 땅의 것만 열심히 구하고 삽니다. 이게 영적 중상자라는 증거요, 영적 식물인간이라는 증거인데 이런 영적 식물인간을 구원(치료)하러 오신 분이 예수입니다. 구원해 주신 증거가 있습니다. 그게 바로 십자가 사건(피)입니다.

예수님께서 십자가 사건(피)을 통해 영적 중상자요, 영적 식물인간인 우리를 구원해 주셨으니 그분이 우리의 구세주(그리스도)가 아니고 무엇이겠습니까? 그렇습니다. 예수가 우리의 그리스도입니다. 예수가 그리스도라는 것을 진짜, 진짜 100% 믿으면 죄와 사탄과 죽음문제를 비롯한 인생의 모든 문제에서 해방됩니다. 사망에서 생명으로 옮겨집니다(요 5:24). 세상 부귀영화와 비교할 수 없는 하나님의 모든 것을 소유한 천국 백성이 됩니다(빌 3:20).

그러기에 더 이상 문제 될 것도, 더 이상 부족함도 없는, 세상이 감당할 수 없는 그리스도인이 됩니다. 왕 같은 제사장이 되어 문제를 밟고 정복하게 됩니다(벧전 2:9). 그러기에 어떤 문제를 만나도 염려하거나, 속상해하거나, 괴로워하거나, 원망, 불평, 신경질, 짜증을 내지 않습니다. 자살하지도 않습니다. 왜냐면 인생의 모든 문제가 선악과 사건 때문에 들이닥친 것이며(창 3:1-6), 그 모든 문제의 답과 하나님의 모든 것(보화=복)이 '그리스도'라는 것을 알았기 때문입니다(골 2:2-3).

그러기에 그리스도가 뭔지 깨닫게 된 것이 얼마나 큰 복입니까. 이런 엄청난 복을 받았으니 이 얼마나 감사하고 기쁜 일입니까. 영적 식물인간이었던 우리가 이렇게 기뻐 날뛰게 되었으니 어찌 주님을 찬양하지 않을 수 있겠습니까. 외양간에 갇혀 있다가 풀려난 송아지처럼 펄쩍펄쩍 뛸 수밖에 없는 것입니다(말 4:2). 말라기 4장 2절의 말씀이 나에게 그대로 성취돼버린 것입니다. 할렐루야!

22

어떤 마음으로 살아야 하는가?

"어떤 마음으로 어떻게 살아야 되나요?"라고 물으셨죠?

빌립보서 2장 5절을 보면 "그리스도 예수의 마음을 품고 살라"고 하십니다. 예수의 마음을 품으라고 하셨는데 사람인 우리가 어찌 예수님 같은 마음을 품고 살 수 있겠습니까? 그것도 죄가 담겨 있는 죄인인 주제에(롬 7:17, 20)···. 죄가 담겨 있는 사람(죄인)이라서 로마서 1장 28절-32절 말씀처럼 시기, 살인, 분쟁, 비방, 수군거림, 모든 불의를 저지르며 살 수밖에 없는데 말입니다. 그러나 그런 죄인이라 할지라도 예수가 그리스도라는 것만 제대로 알고 믿기만 하면 그런 죄에서 해방(구원=죄 문제뿐만 아니라 죄 문제로 인한 인생의 모든 문제에서 해방)되어 참 자유인이 됩니다.

그뿐 아니라 하나님과 함께하는 임마누엘인(그리스도인)이 되기 때문에 하나님의 모든 것을 소유하게 되므로 더 이상 문제 될 것도 없고, 더 이상 부족함도 없는 새로운 피조물(고후 5:17=새사람=거듭난 사람=천국 백성)이 됩니다. 그러기에 예수가 그리스도라는 것을 제대로 알고 믿는 것이 너무나 중요합니다. 예수가 그리스도라는 말은 예수가 우리의 죄와 사탄과 죽음문제를 비롯한 인생의 모든 문제를 해결하신 전능하신 구원의 하나님(구세주=메시아)이라는 말입니다.

우리가 예수가 그리스도라는 것을 진짜 믿는다면 무엇이 문제가 되겠으며, 무엇이 부족하겠습니까? 다 해결되고, 다 받았기 때문에 아무것도 문제 될 것이 없고, 아무것도 부족한 것이 없는 사람입니다. 이렇게 새사람이 되어 있는 자신을 바라보는 사람이 진짜 예수를 그리스도로 알고 믿는 사람(그리스도인)입니다.

예수를 그리스도로 믿고 사는 사람은 죄와 죽음문제를 비롯한 인생의 모든 문제에서 해방되었고, 영생은 물론 천국을 비롯한 하나님의 모든 것을 다 소유한 천국 백성이기 때문에 예수님의 마음을 품고 살게 됩니다. 문제 될 것도, 부족함도 없기 때문에 더 이상 문제의 답을 찾을 필요도 없고, 하나님의 모든 것을 소유했기 때문에 차고 넘치는 상태라서 이것을 전해주는 삶을 살게 됩니다(시 23:1-6). 이것이 또한 예수의 마음을 품은 사람입니다. 예수님은 구원의 하나님(구세주=메시아=그리스도)이시기 때문에 온통 구원에 온 마음을 쏟고 계십니다. 지금도 그분의 마음은 구원에 있습니다.

그러기에 하나님이신 그분이 사람의 모습으로 오셔서 십자가에 달려 죽기까지 하셨습니다. 그분의 온 마음은 사람(죄인)을 살리는 구원에 있습니다. 이 비밀을 아는 우리도 예수님과 같은 마음으로 살 수밖에 없습니다. 어쨌든 복음을 전해줘서 한 영혼이라도 구원받을 수 있게 해 주려는 마음뿐입니다.

그러기에 예수님의 심정(마음)으로 전도자의 삶을 살게 되는 것입니다. 예수님은 우리가 예수가 그리스도라는 것을 믿기를, 즉 예수가 그리스도라는 것을 믿으라는 말씀에 순종하기를 바라는 마음과 그것을 전하기를 바라는 마음입니다. 세상적인 것을 많이 가져서 축복이 아니라 이런 마음을 품고 사는 삶, 전도자의 삶이 진짜 축복받은 삶입니다. 샬롬!

23

미워도 다시 한 번

'미워도 다시 한 번'이라는 제목의 영화도 있었는데 몇 해 전에
는 드라마로도 방영됐습니다. '미워도 다시 한 번'이라는 제목을
보는 순간 이런 생각이 들었습니다. 하나님께서도 우리에게 '미워
도 다시 한 번'이라는 고백을 하셨다는 말입니다.

영화나 드라마에서는 두 사람이 사랑하다가 어떤 일로 헤어지
기도 합니다. 그건 영화나 드라마에서 일어나는 일이지만 실제로
우리의 삶 속에서 일어나는 일 중에 두 사람이 사랑하다가 어떤
이유, 어쩔 수 없는 이유로 헤어졌지만, 그래서 미워할 수밖에 없
겠지만 그래도 사랑하기에 '미워도 다시 한 번'이 되는 것처럼, 하
나님께서도 우리를 열렬히 사랑하셨는데 우리가 선악과 사건(사탄
과 바람이 나서 하나님을 배신한 영적 간음죄)에 빠짐으로 인해 하나님을 떠
나 사탄과 함께하게 되었던 것입니다(창 3:1-6).

우리가 하나님 앞에서 진짜 미운 짓을 했고, 그 결과로 죽음문

제를 비롯한 이런저런 인생의 모든 문제를 만날 수밖에 없게 되었고, 그런 문제를 만날 때마다 그 문제에 대한 염려(걱정하는 마음)에 사로잡힘으로 공황상태나 정신 분열이 일어나기도 합니다. 문제로 인해 생긴 생각(염려)에서 벗어나고 싶어 '그런 생각(염려)을 하지 말아야지'라고 생각하지만, 그래서 다른 일을 하기까지 하지만, 또 어느새 그 생각 속에 빠져 있는 자신을 바라보게 됩니다. 그러니까 더 미치고 환장해집니다. '이러다가 죽겠구나'라는 생각을 하게 됩니다. 생각이 꼬리에 꼬리를 물고 일어나 죽겠다는 생각까지 몰고 가서 죽게(자살하게) 합니다.

그럴 수밖에 없게 돼버린 근본 원인이 선악과 사건(마귀에 의한 인간의 오리지널 죄, 창3:1-6)입니다. '그 죄로 인해 아무리 문제를 안 만나고 싶어도, 또한 그런 문제로, 그런 생각(염려)을 안 하려고 하지만 또다시 그렇게 되고 마는, 그래서 미치고 환장하다가 죽을 수밖에 없는 나를 누가 건져내 줄 수 있단 말인가?'(롬 7:24)'라고 탄식하고 있을 때 예수가 그리스도(선악과 사건의 해결자=인생의 모든 문제의 답=구원의 하나님)라는 하나님의 음성을 듣고 '아하! 그렇구나! 이럴 수밖에 없는 나를 건져(구원)내신 구세주(그리스도)가 예수님이구나! 십자가 사건은 이럴 수밖에 없는 나를 건져낸 참으로 엄청난 사건이었구나!' 하고 무릎을 치고 일어나게 되는 것입니다(롬 8:2).

이런 결론을 얻었다면 '미워도 다시 한 번'이라는 하나님의 사랑을 입은 사람입니다. 선악과 사건으로 인해 하나님을 떠난 우리들이 밉기도 하시겠지만 그래도 하나님께서는 우리를 너무나 사랑하시기에 '미워도 다시 한 번'인 것입니다. 예수님의 십자가 사건 (피)은 미워도 다시 한 번 우리를 사랑한다는 하나님의 뜨거운 믿음(사랑)의 고백입니다.

　우리도 예수가 그리스도라는 것을 믿는 믿음의 고백을 통해 하나님과 깊은 사랑에 빠지게 되고 또한 인간들끼리도 서로가 믿음 안에서 깊은 사랑에 빠질 수 있습니다. 이 사랑에 빠져야 허물도 덮어 주게 되고, 죽음문제를 비롯한 인생의 모든 문제가 문제로 안 보이게 되고, 그러기에 불안, 두려운 생각(염려)이 꼬리를 물고 일어나지도 않는 것입니다. 예수가 나(우리)의 그리스도이기 때문입니다. 하나님의 사랑은 '미워도 다시 한 번'입니다.

24

'까?' 인생이
'다!' 인생이 되는 비결

이러다가 좋지 않은 일이 생기지 않을'까', 이러다 사업이 망하지 않을'까', 이러다 자식이 잘못되지 않을'까', 이러다 병에 걸리지 않을'까', 이러다 병이 재발하지 않을'까', 십일조 헌금을 제대로 드리지 못한 것 때문에, 주일을 거룩히 지키지 못한 것 때문에 징계를 받지 않을'까', 이러다가 죽지 않을'까' 등 사람들이 이렇게 무슨 일이 일어나지 않을'까'라는 '까' 인생을 삽니다. 이것은 자기 자신이 염려하고 있다는 증거입니다. 염려도 미리 '가불'까지 해서 염려합니다.

염려하면 염려하는 그것이 자기에게 임하게 됩니다(욥 3:25). 지금 어떤 문제를 만나고 있다면 그 문제는 오래전부터 염려하고 있었던 것이 자기에게 임한 것임을 알 수 있습니다. 염려했다는 말은 세상 말(사상)이나 율법의 종노릇을 하고 있었다는 뜻입니다.

염려했다는 말은 하나님이 어떤 분이신지 제대로 모르고 또한 알아도 제대로 안 믿었다는 증거입니다. 염려했다는 말은 하나님의 말씀인 예수가 그리스도(십자가 사건을 통해 죄와 마귀와 죽음문제를 비롯한 인생의 모든 문제를 해결해 주신 구원의 하나님)라는 것을 안 믿었다는 증거입니다.

예수가 그리스도라는 것을 안 믿는 것이 불신입니다. 불신 상태에 빠져있는 그것이 죄입니다(요 16:9). 이것은 율법대로 살지 못한 죄보다 더 큰 죄입니다. 율법대로는 살지 못해도 용서받을 기회가 남아 있지만 율법의 마침표 되신(롬 10:4), 그래서 그리스도라고 하는 예수를 안 믿는 것은 용서받을 수 없습니다. 그래서 지옥으로 가는 것입니다. 예수가 그리스도라는 것을 믿으면 구원받는다는 것이 '믿음의 법'인데 그 법을 지키지 않았기에(롬 3:27), 그 법은 생명의 법과 직결되는 법이기에(롬 8:2), 그 법을 지키지 않으면 즉 "예수가 그리스도라는 것을 믿으라"는 말씀에 순종하지 않으면 생명(천국)과는 반대인 사망(지옥)에 이르게 되는 것은 당연한 것입니다(요일 5:16).

율법대로 살지 못한 죄까지도 예수가 그리스도라는 것을 믿으면 해결되기 때문에 예수가 그리스도라는 것을 믿는 것이 중요합니다. 믿을 수밖에 없는 눈에 보이는 증거가 있습니다. 그게 십자가 사건(피)입니다. 그 엄청난 사건(피)을 당하시기까지 해서 해결해 주셨는데도 안 믿는다는 것은 정말 교만한 사람, 악한 사람입니다(사 1:4). 그러기에 문제(인생을 사는 동안 당하는 문제)속에 살다가 진짜 문제(지옥)속으로 가게 됩니다. 사는 날 동안도 늘 염려의 삶을 살게 됩니다.

앞에서 얘기한 것처럼 '이러다 무슨 일이 생기지 않을까?'라는 '까'인생을 살게 됩니다. 그러다가 또 염려했던 문제를 만나 결국 다람쥐 쳇바퀴 도는 삶을 살게 됩니다.

이미 선악과 사건으로 인해 저주를 당할 수밖에 없고, 그 저주의 시간표에 따라 저주가 임하게 되어있기에 그 저주를 경험하면서 경험된 저주 때문에 '또 그러지 않을까?'라는 '까'인생이 된 것입니다. 일종의 노이로제입니다. 이것이 지나치면 정신병원에 갑니다. 그런데 정신병원에 가도 답이 없습니다. 예수가 그리스도라는 것을 믿으면 된다는 하나님의 말씀에 순종하면 치유됩니다.

저주의 시간표에 따라 당하는 문제들을 경험하면서 또 무슨 일이 일어날 것 같은 불안함이 인간에게 '까' 인생을 살게 합니다. 이런 '까' 인생에서 우리를 해방시켜 주신 분이 바로 '예수'입니다.

예수 이름 자체가 인생의 저주를 가지고 온 선악과 사건에서 우리를 구원하신 하나님=구세주=그리스도라는 말입니다. 그러니까 "예수가 그리스도라는 것을 믿는다"는 말은 저주(인생의 모든 문제=선악과 사건)에서 해방됐다는 것을 믿는다는 말입니다. 이런 믿음을 가진 사람을 '그리스도인'이라고 하는 것입니다.

그러니까 그리스도인이란 죄와 죽음문제를 비롯한 인생의 모든 문제를 다 해결해 놓고 사는 참 자유인이요, 영생은 물론 천국을 비롯한 하나님의 모든 보화를 소유한 천국 백성이라는 말입니다. 그러기에 참 자유, 참 평안을 누리는 것입니다. 그 어디서나 하늘나라를 누리게 됩니다(찬 438장). 찬송가 438장의 가사 내용이 나에게 그대로 성취된 것입니다. 무슨 일을 만나든지 만사형통입니다(찬 384장). 찬송가 384장의 가사 내용이 그대로 성취된 것입니다. "예수가 그리스도라는 것을 믿으라"는 말씀에 순종하면 그렇게 다 됩니다. 감사의 열매, 긍정의 열매가 맺힙니다. 이런 엄청난 복을 누리고 살게 되었기에 하나님께 감사의 삶을 살게 되는 것입니다.

이렇게 사는 것이 예배입니다.

늘 예배의 삶을 살게 되고 늘 하나님과 동행하게 됩니다. 더 이상 문제 될 것도 없고, 더 이상 부족함도 없기에 염려할 필요가 없습니다. 그러기에 '까'인생을 졸업하고 '다'인생을 살게 됩니다. 예수님께서 십자가 사건을 당하실 때 "다 이루었다"고 하셨기에 '다'인생을 살게 된 것입니다. 우리는 염려하는 인생이 아니라 감사하는 인생입니다. '까'대학 염려학과에 다니던 우리들이 '다'대학 기쁨학과, 감사학과에 다니게 되었기에 말입니다. 샬롬!

25

새 포도주를 마시자

새 포도주보다 묵은 포도주가 더 귀하고 맛있다는 걸 아시죠? 묵은 것일수록 사람들이 더 좋아합니다(눅 5:39). 포도주뿐 아니라 그림이나 도자기나 학교도 오래된 것, 전통이 있는 것을 더 좋은 것으로 알고, 또한 그런 것들이 귀한 대접을 받기도 하고, 값이 더 많이 나가기도 합니다. 이렇듯 사람들이 생각(사상)에 있어서도 옛 생각에 빠져 그 옛 생각을 좋아합니다. 그것을 이어받아 아예 오늘날에는 종교화시켜서 경배까지 하고 삽니다.

공자 사상(생각), 노자 사상, 석가 사상이 아직도 판을 치고 있습니다. 그들 앞에 머리를 조아리고 있습니다. 그리고 교인들에게 있어서는 율법이 판을 치고 있습니다. 도덕의 대표주자인 공자도 죽고, 고행의 대표주자인 석가도 죽고, 그들의 사상도 다 죽은 사상인데, 율법이라는 남편도 죽었는데(롬 7:1-6), 율법의 유효기간이 끝났는데(눅 16:16), 율법도 예수님께서 오심으로 구약(옛 법)이 되었는데 말입니다. 율법도 자기 때를 마쳤는데 말입니다. 예수님의 십자가 사건(피)은 율법의 기한에 마침표(롬 10:4)를 찍은 사건임과 동시에 새로운 법이 선포된 사건이었습니다.

그런데도 이스라엘 백성들이 묵은 포도주를 좋아하듯 묵은 법(율법)을 좋아했던 것입니다. 그래서 새 포도주(그리스도)로 오신 예수께서 묵은 포도주 맛에 길들여진 바리새인들을 향해 "묵은 포도주를 마시고 새것을 원하는 자가 없나니 이는 묵은 것이 좋다 함이라"라고 하신 것입니다(눅 5:39). 포도주나 세상 것은 오래되고 전통이 있는 것이 좋을지 몰라도 하나님의 것은 새것이 좋은 것입니다(요 2:1-10, 6:55). 하나님께서는 새로운 방법, 새것으로 우리를 살리시겠다는 것입니다. 헌것, 구약, 옛 법, 묵은 법, 율법(묵은 포도주)으로 하지 않고 새것, 새 법, 신약, 믿음의 법, 예수님의 피(새 포도주)로 하시겠다고 합니다.

예수님께서 십자가 사건(피)을 통해 선악과 사건(죄)과 율법대로 살지 못한 죄까지 단번에, 모조리, 영원히 해결하신 구원의 하나님(구세주=메시아=그리스도)이라는 것을 믿기만 하면 구원받게 된다는 믿음의 법, 즉 새 법(롬 3:27, 8:2)을 우리에게 주셨기에 새 법을 받아들이면(지키면) 됩니다. 묵은 법(율법), 묵은 사상(율법대로 해야 하나님의 백성이라는 생각)은 묵은 포도주와 같은 것이라서 더 귀하고, 더 특별하고, 더 맛이 좋을지 모르지만 우리의 영혼을 살리지 못합니다.

살기 위해서는 묵은 것(묵은 포도주=율법)을 버리고 새것(새 포도주=

믿음의 법=예수님의 피)을 받아들여야 합니다. 새 포도주를 마시는 순간 율법(죄)에 대해 마침표를 찍게 되고, 그러므로 죄에서 완전 자유한 사람, 선악과 사건에서 해방됨으로 죽음문제를 비롯한 인생의 모든 문제에서 자유한, 즉 '참 자유인'이 되고 하나님을 다시 만나서, 하나님의 모든 것을 소유한 '천국 백성'이 됩니다.

그러기에 묵은 포도주(공자 사상이나 석가 사상을 비롯한 세상 그 어떤 사상은 물론이고 율법까지)가 맛있다고 미련 갖지 마시고 새 포도주(예수)를 마시기 바랍니다. 그걸 마시는 방법이 있습니다. 예수가 우리 영혼의 새 포도주(그리스도) 되신다는 것을 믿고 영접하라는 말씀에 순종하면 됩니다. 그리하면 선악과 사건으로 인해 죽었던 영혼이 다시 살아납니다. 말로만 들었던 영생을 실제로 얻게 됩니다. 하나님(성령)을 다시 만나게 됩니다. 그분으로 하여금 주어진 기쁨에 취해 그분을 자랑하며, 노래하며, 춤을 추게 됩니다. 이것이 성령에 취한 것입니다. 이것이 행복의 동산(에덴)에서의 삶입니다.

그러기에 비록 아직 선악과 사건이 터진 동네(세상)에 발을 딛고 있지만 영혼은 이미 이런 행복한 동산(임마누엘 동산)에서의 삶을 살게 되었기에 행복하다고 하는 것입니다. 행복에 겨워 노래하고 춤을 추게 되는 것입니다. 이것이 우리가 마땅히 해야 할 일입니다 (히 13:15). 영접한 후에도 "예수가 그리스도(내 영혼의 새 포도주)라는 것을 믿으라"는 말씀에 늘 머물러 있을 때 늘 행복한 삶을 살게 됩니다(행 14:22). 예수가 그리스도라는 것을 믿는 믿음에 머물러 있는 것이 최고로 행복한 삶입니다.

26

사람의 행복에 대해

사람의 행복에 대해 하나님께서는 이렇게 말씀하십니다.

"일한 것이 없이 하나님께 의로 여기심을 받는 사람의 행복에 대하여 다윗의 말한바 그 불법을 사하심을 받고, 그 죄를 가리우심을 받는 자는 복이 있고, 주께서 그 죄를 인정치 아니하실 사람은 복이 있도다 함과 같으니라(롬 4:6-8)."

사람이 행복하려면 첫째, 불법을 사하심을 받고 둘째, 죄를 가리우심을 받고 셋째, 죄를 인정치 아니하실 사람이 되어야 한다고 했습니다.

이것을 하나씩 설명해보자면 우리들이 살면서 도덕적으로나 세상 법대로, 율법대로 살지 못함으로 불법을 저지른 죄인일 수밖에 없습니다. 그리고 무엇보다도 선악과 사건(마귀와 죄)에 빠진 죄인일 수밖에 없는데 예수님의 피로써 그런 죄를 용서받은 자, 그런 죄가 예수님의 피로 덮여져 가리어진 자, 그런 죄가 예수님의 피로 모조리, 영원히 해결됐기에 하나님께로부터 그 죄를 죄로 인정치 않음을 받는 자가 진짜 행복한 사람이라는 말입니다. 한마디로 말해서 '예수가 그리스도'라는 것을 믿는 자에게는 하나님께서 모든 죄를 용서하시고, 덮어버리고, 인정치 않겠다는 말씀입니다 (롬 4:6-8, 골 2:13).

즉 예수님께서 그 엄청난 십자가 사건(피)을 통해 우리의 죄를 단번에, 모조리, 영원히 해결하셨기에(히 9:12, 10:10) 그분이 우리의 구세주(메시아=그리스도)라는 사실을 알고 믿기만 하면 그렇게 하시겠다는 것입니다. 우리가 일한 것(선행, 고행, 헌금, 새벽기도, 금식기도, 도덕이나 율법이나 종교행위 등)이 없어도 예수가 그리스도라는 것만 믿으면 하나님을 다시 만날 수 있다(구원)는 것입니다. 행복의 본체이신 하나님을 다시 만나는 것이 구원인데 그 구원이 이루어졌으니 행복할 수밖에 없는 것입니다.

하나님과 함께 하는 존재이기에, 즉 예수가 나의 그리스도이시니 내게 더 이상 문제 될 것도 없고, 더 이상 부족함도 없는(시 23:1), 하나님의 모든 것(보화)을 다 얻은 천국 백성이 되었으니(골 2:3, 빌 3:20) 천국의 기쁨을, 천국의 평안을 누릴 수밖에 없게 된 것입니다. 그 어디서나 하늘나라를 누릴 수밖에 없는 것입니다(찬 438장). 이것이 그리스도 안에 감추어진 비밀인데 하나님께서 이렇게 되는 비밀을 알게 해주셨으니 어찌 하나님께 감사하지 않을 수 있겠습니까?(골 2:2-3) 어찌 찬양하지 않을 수 있겠으며, 어찌 이 기쁜 소식을 전하지 않을 수 있겠습니까?

감사의 삶, 찬양(노래)의 삶, 전도의 삶을 살게 하신 하나님께 또 감사를 드릴 수밖에 없는 것입니다. 이렇게 계속 감사의 삶, 찬양의 삶, 전도의 삶을 살다 보면 그동안 살면서 만났던 문제들로 인해 염려하고 속상해서 정신적으로나 육신적으로 지치고 병들었던 것도 치유되는 놀라운 일이 일어납니다.

예수가 그리스도라는 것을 생각만 해도 염려, 근심, 걱정, 불안, 초조, 우울, 신경질, 짜증 등의 어둠이 물러가고 기분이 좋아져 밝은 마음, 환한 마음이 됩니다. 얼굴도 환해집니다. 천국에 이르기까지 환한 길을 걷게 됩니다(찬 449장). 예수가 그리스도라는 것을 믿는 우리는 이미 행복한 사람입니다(신 33:29). 당신도 예수가 그리스도라는 것을 믿고 영접해서 이런 행복한 사람이 되시기 바랍니다. 샬롬!

27

자꾸만 원망, 불평, 변명, 신경질, 짜증을 내게 되는 이유

죄 때문에 괴로워하거나 죄에서 자유하지 못하다면 그 이유는 딱 한 마디로 말해서 예수가 그리스도라는 것, 즉 "예수가 그리스도라는 것을 믿으라"는 말씀에 순종하지 않아서입니다. 예수가 그리스도라는 말은 예수께서 우리를 죄(선악과 사건이라는 오리지널 죄와 율법대로 살지 못한 모든 죄)에서 자유케 해주신 분이라는 말입니다.

죄 문제 뿐만 아니라 죄로 인한 죽음문제를 비롯한 인생의 모든 문제(저주)에서도 자유케 해주신, 시간표에 따라 만나게 되는 문제들로 인해 원망, 불평, 변명, 신경질, 짜증나는 삶을 살 수밖에 없는 우리를 기뻐하며 노래하는 삶으로 역전시켜 주신 구세주(메시아)라는 말입니다. 그렇게 해 주신 증거가 있습니다. 그게 예수님이 당하신 십자가 사건(피)입니다.

그러기에 예수가 우리의 구세주(메시아=그리스도)라는 것을 안 믿을 수 없습니다. 이렇게 예수가 그리스도라는 것을 믿는다면 죄 문제를 비롯한 이런저런 인생의 문제들 때문에 괴로워하거나 자유하지 못할 이유가 없습니다. 예수님께서 십자가 사건(피)을 통해 선악과 사건(죄)에 빠진 우리를, 율법대로 살지 못한 우리를, 그래서 죄인일 수밖에 없는 우리를, 그래서 저주(죽음문제를 비롯한 인생의 모든 문제) 가운데 살다가 지옥 불구덩이 속으로 던져질 수밖에 없는 우리를 구원해 주셨기에 말입니다.

그러기에 죄 문제를 비롯한 이런저런 문제들 때문에 자꾸만 원망, 불평, 변명, 신경질, 짜증을 내지 않습니다. 더 이상 문제 될 것도 없고, 더 이상 부족함이 없기에 이 세상에서의 주어진 자기 시간, 자기 물질, 자기 몸을 사람 살리는 일에 쓰게 되는, 이웃을 사랑하는 넉넉한 사람(사람 낚는 어부, 왕 같은 제사장)이 됩니다.

진짜 예수가 그리스도라는 것을 제대로 알고 믿는 믿음의 사람이라면, 즉 "예수가 그리스도라는 것을 믿으라"는 말씀에 순종한 사람이라면 분명히 죄에서 자유케 되어 있기에 말입니다. 그러니까 죄 문제 때문에 고민하거나, 염려하거나, 자유치 못하다면 그건 "예수가 그리스도라는 것을 믿으라"는 말씀에 순종하지 않아서 그런 것입니다. 예수가 그리스도라는 것을 믿지 않는 것이, 즉 "예수가 그리스도라는 것을 믿으라"는 말씀에 불순종하는 것이 율법을 지키지 못한 죄보다 더 큰 죄입니다.

율법의 요구는 예수님의 십자가 사건(피)으로 다 이루어졌기 때문에, 즉 예수께서 율법의 마침표가(롬 10:4) 되시기에 우리가 율법대로 살지 못한다고 해서 죄인 중에 괴수가 아니라 예수가 그리스도(율법의 마침표, 죄 문제를 해결해 주신 구세주, 죄와 죽음문제를 비롯한 인생의 모든 문제의 답 그 자체)라는 것을 믿지 않는 것이 죄인 중에 괴수입니다(요 16:9). 율법뿐만 아니라 선악과 사건(오리지널 죄)까지도 예수께서 십자가 사건을 통해 다 끝냈으니까 끝내 놓은 분이 예수라는 것을, 그래서 그분을 구세주(메시아=그리스도)라고 한다는 사실을 믿으시기 바랍니다.

자꾸만 율법대로 살지 못한 것 가지고 괴로워하지 말고 예수가 그리스도라는 것을 믿으면 그 죄 문제까지도 다 해결된다는(롬 6:22), 그 율법에서도 벗어나게 된다는(롬 7:6) 하나님의 말씀(복음)에 순종하시기 바랍니다. 그 복음에 순종하는 것이 참 회개입니다. 그것이 생명을 얻는 회개입니다(행 11:17-18). 그러나 율법적인 회개만 하고 있으면 사망에 이르게 됩니다(롬 7:10). 지옥으로 직행하게 됩니다. "예수가 그리스도라는 것만 믿으면 구원 받는다"는 말씀 이외의 생각을 한다면 그 생각에서 돌아서는 것이 진정한 회개입니다.

"예수 따라가며 복음 순종하면 우리 행할 길 환하겠네"라는 찬송가(499장) 가사도 있지 않습니까? 복음에 순종하면 하나님과 함께할 수 있습니다. 무슨 일을 만나든지 만사형통의 삶을 살게 됩니다(찬 348장). 들어가도 복을 받고 나가도 복을 받는 역사가 일어납니다(신 28:6). 그러기에 예수가 그리스도(율법의 마침표, 죄 문제를 비롯한 인생의 모든 문제의 답 그 자체)라는 것을 제대로 알고 믿는 것이 그렇게 중요한 것입니다.

예수가 그리스도라는 것을 제대로 알고 진짜 믿는 믿음의 행위(내적 행위=마음으로 순종)를 하고 있었다면 지금처럼 그렇게 죄 문제 때문에 괴로워하지 않았을 것입니다. 죄에서 자유한 참 자유인이 됐기 때문에 말입니다. 예수가 그리스도라는 것을 말로만 믿는 그런 믿음이 아닌 진짜 '믿음'으로 하나님 앞에 서야 합니다.

여태껏 그렇게 하지 않아서 죄 문제 때문에 고민하고 괴로웠다면 그것은 예수가 그리스도라는 것을 제대로 알지 못한 상태에서 그냥 "예수 믿는다"라며 교회만 열심히 다닌 것이니까 지금 바로 예수가 그리스도라는 것만 믿으면 죄에서 자유한 참 자유인(구원받은 하나님의 자녀)이 된다는 하나님의 말씀(복음)에 순종(믿음의 행위=내적 행위=하나님께서 인정해 주시는 행위) 하시기 바랍니다(요 6:29). 이것이 복음적인 회개, 생명을 얻게 되는 회개, 성령을 선물 받게 되는 회개, 하나님께서 원하시고 기뻐하시는 회개입니다(행 2:38).

"예수가 그리스도라는 것을 믿으라"는 말씀에 순종(마음으로 예수가 그리스도라는 것을 믿는 일=내적 행위)할 때 자유케 되고, 자유케 되므로 어두웠던 마음이 밝아지고, 눌리고 매였던 마음이 풀어지며 원망, 불평, 변명, 신경질, 짜증 등이 사라지고 기쁨으로 충만해집니다. 세상 대학 원망학과에 다니던 사람이 그리스도를 통해 천국 대학 기쁨학과에 들어왔기에 그렇게 되게 되어 있습니다. 예수가 그리스도라는 것을 믿으면 그렇게 되게 되어 있습니다. 하나님께서 그렇게 되도록 하셨기 때문입니다. 오직 예수! 오직 믿음!

28

인생의 모든 문제를 날려버릴 참 방망이는?

주문을 반복해서 외우거나, 염불을 하거나, 밤새도록 기도하거나, 철학책이나 경전을 읽거나, 그래서 그것이 무엇을 말하는지 깨달았다 할지라도… 그래서 도사가 되고 초인간적인 능력을 나타낸다 할지라도… 온갖 세상 부귀영화를 다 누리게 되었다 할지라도 그 모든 것이 다 헛되고 헛된 것입니다(전 1:2-3). 헛방이라는 말입니다. 헛방이라는 말은 뭔가 잘될 줄 알고 시작했는데 기대와는 정반대의 결과를 얻게 됐을 때 쓰는 말입니다.

야구장에서 투수가 던진 공을 보고 타자가 이거다 싶어(잘될 줄 알고=홈런을 칠 수 있겠다 싶어) 힘껏 방망이를 휘둘렀습니다. 그런데 헛방망이질을 하고 말았습니다. 그야말로 헛방입니다. 이렇게 헛방일 때는 맥(기운)이 빠집니다. 그것도 내리 세 번을 헛방 쳤을 때 진짜 기운 빠집니다. 내리 세 번을 헛방 치게 되면 삼진 아웃당했다고 합니다.

타자석에서 그렇게 삼진을 당하고 내려오는 타자의 심정은 야구를 해본 사람만이 압니다. 정말 기분 나쁩니다. 많은 사람들 앞에서 그런 꼴을 당하고 나오면 더더욱 부끄럽습니다. 그래서 삼진을 당한 타자들이 타석에서 내려올 때 부끄러워 고개를 숙이고 나오는 것입니다. 헛방 치는 것은 이렇게 부끄럽고, 허무하고, 기운 빠지고, 기분 나쁩니다.

지금 이 세상(선악과 사건이 터진 동네=죄 문제를 비롯한 이런저런 인생의 모든 문제〈야구공〉들이 넘실대는 곳)의 많은 사람들이 타석에 올라선 타자처럼 날아오는 이런저런 문제들을 향해 이런저런 방망이(주문, 염불, 철야기도, 금식기도, 철학, 도덕, 율법, 경전을 통한 깨달음, 초인간적인 능력, 고행, 선행, 마음수련, 공자나 석가를 비롯한 피조물들을 향한 각종 종교행위)들로 진지하게 방망이질을 하고 있습니다.

그러나 율법을 비롯한 인간들이 만들어낸 그런 방망이로는 백번 치면 백번 다 헛방입니다. 완전 삼진 아웃입니다(롬 7:10). 죽게 됩니다. 지옥 불구덩이 속으로 들어가게 됩니다. 공자도 석가도 삼진 아웃당했습니다. 인생을 사는 동안 자기들 나름대로 방망이질을 했지만 헛방망이질이었기에 삼진 아웃 당한 연고로 부끄러워 고개를 들지 못했습니다. 그런데도 많은 사람들이 그들을 따라갑니다. 그게 부끄러움을 당하게 되는 일인지도 모르고 말입니다.

나도 예수가 그리스도라는 것을 몰랐을 때는 그게 부끄러운 것인지 몰랐습니다. 그러기에 남들보다 더 열심히 했습니다. 모르면서 모른다는 사실조차도 몰랐기에 그랬던 것입니다. 그런데 지금은 어찌 이런 엄청난 얘기를 하게 됐을까요? 예수가 그리스도라는 것을 알았기 때문입니다. 즉 예수님이 헛방망이질만 하다가 죽어 지옥으로 갈 수밖에 없는 나를 건져내 주신 구세주(메시아=그리스도)라는 것을, 예수님이 세상적인 방망이로 문제들을 쳐내고 있던 불쌍한 타자인 나를 대신해서 홈런을 쳐주신 구세주(메시아=그리스도)라는 것을 알았기 때문입니다.

헛방망이질만 하다가 삼진아웃 당해 죽어 지옥으로 갈 수밖에 없는 나를 구원해 주신 증거, 그분이 나 대신 홈런을 쳐주신 증거가 있습니다. 그게 그분이 당하신 십자가 사건(피)입니다. 그 홈런한 방으로 나의 죄와 죽음문제를 비롯한 이런저런 인생의 모든 문제가 날아가 버렸습니다. 그것도 단번에, 영원히(히 9:12). 그러기에 앞에서 말한 그런 방망이질도 이제는 안 하게 된 것입니다.

그래서 공자도 석가도 헛방망이질을 하고 갔다는 것을 알게 된 겁니다. 예수가 그리스도(죄 문제를 비롯한 인생의 모든 문제를 홈런 한 방으로 날려버리신 참 방망이)라는 것을 믿고 받아들이면(영접하면) 실제로 자기 인생의 모든 문제가 날아 가버립니다. 자기 자신(영혼)이 그렇게 된 것을 압니다. 그러기에 기쁘고 평안한 것입니다. 그러기에 그렇게 해주신 하나님을 향해 항상 감사와 찬송을 올려 드리는 것입니다(히 13:15).

그러기에 세상의 그런 방망이들로는 절대로 죄 문제를 비롯한 인생의 모든 문제를 쳐낼 수 없다는 것을 알고 "예수가 그리스도라는 것을 믿고 영접하라"는 말씀(복음)에 순종(내적 행위)해야 합니다(요 1:12). 그렇게 하는 것이 아무것도 아닌 것 같으나 이것이 진짜 행위(일) 중의 행위(일)입니다. 진짜 거룩한, 진짜 아름다운 행위(일)입니다. 하나님께서 인정해 주시는 일(행위) 입니다(요 6:29). 순종하면 내 인생의 죄 문제를 비롯한 모든 문제가 방망이에 맞아 장외로 날아가게 됩니다. 홈런을 치되 장외 홈런을 치게 된다는 말입니다.

순종하는 순간 죄 문제를 비롯한 인생의 모든 문제들에서 해방되어 '참 자유인'으로서의 삶을 살게 되고, 하나님을 다시 만나 영생은 물론 천국을 비롯한 하나님의 모든 것을 소유한 '천국 백성'으로서의 삶을 살게 됩니다. 이미 이전 것은 지나가고 새사람이 되어 새 동네(그리스도 안)에 들어와 있기에 그 어디서나 하늘나라를 누리게 됩니다(찬 438장). 그러기에 더 이상 문제 될 것도 없고, 더 이상 부족함도 없는 그야말로 행복한 삶입니다.

그러므로 이 세상에서의 주어진 시간과 물질과 몸을 사람 살리는 일에 쓰게 되는 것입니다. 왕 같은 제사장으로서의, 사람 낚는 어부로서의 즐겁고 신나는 행복한 삶을 살게 됩니다(벧전 2:9, 마 4:19). 그렇게 행복한, 그렇게 멋진 삶을 사는 자기가 진짜 자기입니다. 이런 자기가 진짜 자기라는 것을 절대 잊어서는 안 됩니다. 그러기 위해서는 늘 "예수가 그리스도라는 것을 믿으라"는 말씀에 순종해야 합니다.

왜냐면 아직 썩지 않은 그 몸이 진짜 자기인 줄 알고 속기 쉽기 때문입니다. 그리되면 또다시 문제들이 문제들로 보이게 되고, 그리되면 또다시 염려하고 속상하게 되기에, 그리되면 또다시 원망, 불평, 신경질, 짜증나는 지옥 같은 삶을 살게 되기에, 그리되면 정신적으로나 육신적으로 더 빨리 지치고 병들게 되기에, 그리되면 사람 낚는 어부로서의 삶을 제대로 살아보지도 못하게 되기에, 그리되면 상급 받을 것이 적게 되기에, 그러기에 예수가 그리스도라는 것을 믿고 영접한 후에도 예수가 그리스도(죄 문제를 비롯한 인생의 모든 문제를 홈런 한 방으로 날려버리신 참 방망이)라는 것을 믿으라는 말씀에 늘 순종해야 합니다. 그래야 늘 백전백승하게 됩니다.

이 세상을 사는 동안 참 방망이를 찾지 못한 사람들은 앞에서 말한 그런 방망이들로 문제들을 쳐내게 되어있습니다. 그러기에 일생동안 쳐내고 쳐내다가 지쳐 죽고 맙니다. 타석에 올라가서 또 삼진 아웃, 또 삼진 아웃만 당하다가 죽어 지옥으로 갑니다. 그런 방망이들로는 쳐내 지지도 않을 뿐만 아니라 고생만 실컷 하다가 지옥으로 갑니다. 그러나 우리는 방망이를 찾은 사람들입니다. 방망이를 찾은 사람답게, 홈런을 친 사람답게 룰루랄라하며 야구장(세상)으로, 낚시터(세상)로 가면 됩니다.

야구장에, 낚시터에 갈 때도 늘 예수가 인생의 모든 문제를 날려버린 참 방망이(그리스도)라는 것을 믿으라는 말씀에 순종해야 합니다.

이미 홈런을 쳐서 승리했지만(죄 문제를 비롯한 인생의 모든 문제들을 장외로 날려 보내버렸지만) 아직 몸이 썩지 않아서 이 세상에 발을 딛고 있는 관계로 세상을 보고, 환경을 보고, 사람을 보고, 문제를 보고, 속기 쉽기 때문에 하는 말입니다. 오직 예수! 오직 믿음!

29

맹모삼천지교(1)

맹모삼천지교(孟母三遷之敎)는 맹자 어머니가 맹자를 교육시키기 위해 이사를 세 번 했다는 데서 생겨난 말입니다. 처음에 공동 묘지 근처에서 살다 보니 맹자가 늘 장사(葬事), 즉 상여 속의 시체를 꺼내 무덤 속에 넣는 일을 보게 되고, 그러다 보니 봤던 것을 따라 곡을 하고 장사(葬事)지내는 놀이를 하며 놀았답니다. 맹자 어머니가 그런 모습을 보고 안 되겠다 싶어서 시장 근처로 이사를 했습니다. 그러자 맹자가 이번에는 시장에서 물건을 사고파는 장사꾼들의 흉내를 내면서 놀았습니다.

맹자 어머니가 이곳에서도 안 되겠다 싶어 이번에는 글방(서당) 근처로 이사를 했습니다. 그랬더니 맹자가 글 읽는 놀이도 하고, 제사 때 쓰는 제구들을 늘어놓고 절하는 방법, 나아가고 물러나는 법 등, 사람으로서의 행실, 예법에 관한 놀이를 했답니다. 맹자 어머니가 이곳에서 사는 것이 아들에게 좋겠다는 생각으로 거기서 살았는데 그 덕분에 뛰어난 유학자가 되어 아성이라고 불리게 되었답니다. 맹자 어머니도 더불어 현명한 어머니로 이름을 떨치게 되었고 '맹모삼천지교'라는 말까지 생겨나 지금까지도 널리 퍼져 있습니다.

그만큼 교육환경이 중요하다는 것을 말해줍니다. 또한 어린 아이는 순진무구하여 보고 듣고 배운 대로 따라 한다는 것을 알 수 있습니다. 어린아이 때의 환경이, 교육이 그만큼 중요하다는 것을 일깨워 주는 말입니다. 그래서 세상의 많은 사람들이 자기 자식을 훌륭하게 키우기 위해 보다 나은 환경, 더 잘 가르치는 곳을 찾아다닙니다. 사람들이 세상 것을 가르치는 데는 그렇게 애를 쓰면서, 그렇게 중요하게 여기면서 정말 중요하게 여겨야 할 것에는 관심도 없습니다. 정말 맹모삼천지교가 적용돼야 할 데가 있습니다. 그곳이 교회입니다. 그러기에 교회가 정말 중요합니다.

자녀들을 교회에 보내도 어떤 교회로 보내느냐가 너무너무 중요합니다. 율법주의자인 목사가 있는 교회로 가면 틀림없이 율법주의자가 되어 틀 속에 갇히게 되고, 율법+예수=혼합(짬뽕)주의 목사가 있는 교회로 가면 틀림없이 혼합 주의자가 되어 늘 고민하고 갈등하며 살게 됩니다. 그러나 오직 "예수가 그리스도라는 것을 믿으라"는 말씀에 순종하면 된다는 순수복음주의자인 목사가 있는 교회로 가면 틀림없이 복음주의자가 되어 어떤 문제를 만나더라도 정복하고 나가는 멋진 삶을 살게 됩니다.

복음 속에 들어있는 하나님의 엄청난 것(죄와 죽음문제를 비롯한 인생의 모든 문제의 원인과 답, 영생은 물론 천국을 비롯한 하나님의 모든 보화, 모든 복)을 누리는 사람이 됩니다. 즉 죄와 마귀와 죽음, 지옥 문제뿐만 아니라 지금 만나고 있는 어떤 문제를 비롯한 인생의 모든 문제에서 해방된 참 자유인으로, 하나님을 진짜 다시 만난 임마누엘인(그리스도인)으로, 하나님의 모든 것을 소유한 천국 백성으로서 멋진 삶을 살게 됩니다.

그러기에 더 이상 문제 될 것도 없고, 더 이상 부족함도 없다는 사실을 알게 됩니다. 그러기에 참 평안을 누릴 수밖에 없는 것입니다. "그 어디나 하늘나라♬~"라고 노래하며 실제로 그 어디서나 천국을 누리게 됩니다(찬 438장). 그러기에 이런 사람은 그 어디에 갔다봐도, 그 어떤 문제를 만나도 살아남을 수밖에 없고, 성공할 수밖에 없게 됩니다. 무슨 일을 만나든지 만사형통하게 됩니다(찬 384장).

'임마누엘인(그리스도인)'이기 때문에 그렇게 될 수밖에 없는 것입니다. 창조주와 함께하기에 창조적인 발상과 창조적인 행위를 할 수밖에 없는 것입니다. 그러기에 경제문제도 해결되는 것입니다(마 6:31-33). 이런 복된 인생 되게 하신 하나님께 신령과 진정으로 감사 찬양 예배를 드리게 됩니다. 그러기에 맹모삼천지교를 세상(육)적으로만 적용치 말고 영적으로 적용하시기 바랍니다. 우리는 참자유인! 천국 백성!

30

행복 전도사

몇 해 전, 귀가하던 중에 라디오에서 일명 '행복 전도사'라고 하는 최윤희 씨가 "대학을 다녀도 좋은 대학 좋은 학과를 다녀야 한다"라며 '비교대학 우울학과, 절망대학 포기학과'를 다니기보다는 '도전대학 희망학과, 행복대학 감사학과'를 다녀야 한다"고 했습니다. 요즘 남들과 비교하면서 우울해하는 사람들이 많으니까 절망하고 세상을 포기하는 사람들이 많이 생겨나니까 그러지 말라고, 세상 살기가 힘들어도 희망을 갖고 도전하라는 뜻에서 그런 말을 했던 것입니다.

그런 얘기를 듣는 순간 영적으로 밀려드는 것이 있어 집에 돌아와 글을 적었습니다. 그 시간 최윤희 씨의 말을 듣고 희망을, 용기를 얻은 사람도 있었을 것입니다.

(그런데 최윤희 씨는 남편과 함께 자살했습니다. 그분이 그동안 라디오나 TV에 출연해 많은 사람들에게 웃음과 용기를 주어서 사람들로부터 '행복 전도사'라고 불렸는데 자살로 인생을 마치고 말았으니 그분이 그럴 수밖에 없었던 딱한 사정이 있었을 것입니다. 하지만 그러기에 '사는 동안 "예수가 그리스도라는 것을 믿으라"는 말씀에 순

종하며 살았으면 얼마나 좋았을까?'라고 생각합니다. "예수가 그리스도라는 것을 믿으라"는 말씀에 순종하고 전하는 우리들이 진짜 참 행복 전도사들입니다. 진짜 참 행복 전도사로 세워주신 하나님께 감사하며 오늘도 이 행복을 전하러 나아갑시다.)

그러나 그런 말보다도 진짜 우리들에게 희망과 용기를 주는 말씀이 있다는 것을! 그래서 이렇게 글을 쓰는 것이니 잘 읽어보시기 바랍니다.

먼저 이 세상에 태어난 사람들이 비교대학 우울학과를, 절망대학 포기학과를 다닐 수밖에 없게 된 근본 원인을 알아야 합니다. 그게 바로 선악과 사건(마귀에 의한 인간의 오리지널 죄, 창 3:1-6)입니다. 그 엄청난 죄로 인해 하나님을, 에덴동산을 떠났기 때문입니다. 아버지(창조주)를 떠났고, 아버지의 것(모든 것이 풍족한 에덴동산)을 떠났으니 당연히 힘든 삶을 살 수밖에 없게 된 것이고, 능력에 따라 사는 모습이 다르기에 비교될 수밖에 없는 것이고, 그러다 보니 우울해질 수밖에 없는 것이고, 그러다 보니 절망하고 자살하는 것입니다. 가인도 동생 아벨과 비교하다가 동생 아벨을 죽인 것처럼 지금도 계속해서 그런 일들이 일어나고 있습니다(창 4:1-8).

이 거대한 세상 자체가 비교대학, 절망대학이기에… 이 세상 사람들이 그런 대학의 우울학과, 포기학과 출신들이기에 세상이 요지경인 것입니다. 하버드 대학이나 옥스퍼드 대학을 비롯한 세상의 그 어떤 명문대학을 나와도 마찬가지입니다. 그런데 진짜 '행복대학 감사학과'가 있습니다. '천국 대학 기쁨학과' '천국 대학 평안 학과' '천국 대학 행복학과' '천국 대학 감사학과'가 있습니다.

그 대학에 들어가는 방법도 있습니다. 돈이 없어도 됩니다. 시험도 치르지 않습니다. 누구든지 쉽게 들어갈 수 있습니다. 모든 것이 공짜입니다. 그저 들어와서 누리기만 하면 됩니다.

어떻게 하면 되냐고요?

예수가 그리스도라는 것을 믿고 영접하면 됩니다. 예수가 그리스도라는 말은 예수께서 십자가 사건(피)을 통해 선악과 사건(죄)에 빠진(비교대학 우울학과, 절망대학 포기학과에 다니는… 죄, 마귀, 죽음문제를 비롯한 인생의 모든 문제를 만날 수밖에 없는, 이런저런 문제들을 시간표에 따라 만나면서 염려하고 속상해하며, 비교하고 원망, 불평, 신경질, 짜증나는 삶을 살다가 죽어 지옥으로 갈 수밖에 없는) 나를 건져내(천국 대학 행복학과로 옮겨, 영생은 물론 천국을 비롯한 하나님의 모든 보화를, 한마디로 그 어디서나 하늘나라를 누리게 해) 주신 구세주(메시아=그리스도)라는 말입니다.

그렇게 해주신 증거가 그분이 당하신 십자가 사건(피)입니다. 그분이 그리스도라는 증거가 있습니다. 십자가 사건을 당하신 지 사흘 만에 다시 사셨습니다. 그게 부활 사건입니다. 그러기에 예수가 그리스도라는 것을 안 믿을 수 없는 것입니다. 믿어지기에 마음의 문을 열고 예수님을 모셔 들이게 되는 것입니다.

나도 그렇게 해서 지금 그 어디서나 하늘나라를 누리고 살게 된 것입니다(찬 438장). 천국 대학 행복학과에 들어왔기에 말입니다. 더 이상 문제 될 것도 없고 더 이상 부족함이 없기에 이 세상에서의 주어진 시간과 물질과 몸을 사람 살리는 일에 던지게 된 것입니다. 사람 낚는 어부, 왕 같은 제사장으로 살게 된 것입니다(마 4:19, 벧전 2:9). 이것이 이웃을, 민족을, 인류를 사랑하는 삶입니다.

이것이 최고로 귀한 일이고, 최고로 선한 일입니다.

아직 아담 안에서 태어난 이 몸이 썩어지지 않아서 이 세상(비교대학 우울학과, 절망대학 포기학과)에 발을 딛고 있지만 속사람(영혼)은 이미 천국 대학 행복학과(그리스도 안)에 들어왔기에 그렇게 살게 된 것입니다. '천국 대학 기쁨학과' '천국 대학 평안 학과' '천국 대학 감사학과'에 들어왔기에 말입니다. 그러므로 최윤희 씨가 말하는 그런 행복대학 감사학과와는 차원이 다른 것입니다. 그건 어디까지나 말뿐이지만 지금 내가 하는 말은 진짜 실제입니다. 지금 내가 말하는 대학은 육안에 보이지 않습니다. 영안으로 보면 보입니다.

영안이 열리는 방법도 너무나 쉽습니다.
예수가 그리스도라는 것을 믿고 영접하면 됩니다. 예수가 그리스도라는 말은 예수님께서 그 엄청난 십자가 사건(피)을 통해 선악과 사건(죄)으로 인해 죽었던 내 영혼을 살려 주신 구세주(메시아=그리스도)라는 말입니다. 구원해 주신 증거가 그분이 당하신 십자가 사건(피)입니다. 이 말씀을 믿고 그분을 마음속에 모셔 들이면(영접하면) 영안이 열립니다. 예수님께서 흘리신 그 피로 죽었던 영혼이 살아났기에 영안은 자동으로 열리는 것입니다.

예수가 그리스도라는 것을 믿고 영접하면 영접하는 순간 우리가 예수님의 찢어진 몸 사이(십자가 사건=피)를 통과하게 되고, 그때 우리의 영혼이 머리부터 발끝까지 예수님의 피에 깨끗하게 씻겨져 하나님 품에 안기게 됩니다. 죄로 인해 죽었던 내 영혼이 살아나서 영원부터 영원까지 살아계신(영존하신) 하나님을 다시 만나게 됩니다. 나 또한 영생을 얻었기에 그분과 영원히 함께하게 된 것입니다. 이 세상에 발을 딛고 있는 이 몸은 썩어 없어질 날을 기다리고 있는 중입니다. 그날까지 이 세상에서 주어진 시간과 물질과 몸을 사람 살리는데 거름으로 사용하는 것입니다.

세상에 있는 그 어떤 대학을 나와도 이렇게 안 되지만 '천국 대학 행복학과'에 들어오면 이렇게 됩니다. 천국 대학 행복학과에 다니면 자동으로 '정복대학 다스림학과'에도 다니게 됩니다. 복수 전공을 얼마든지 할 수 있습니다. 정복대학 다스림학과 학생답게 이 세상의 모든 문제를 정복하게(이기게) 됩니다(찬 357장). 어떻게 이기느냐고요? 예수가 그리스도라는 것을 믿는 '믿음'으로 이기는 것입니다. 예수가 그리스도라는 말이 무슨 말인지 아시죠? 알았으면 그것을, 즉 "예수가 그리스도라는 것을 믿으라"는 말씀에 순종하면 모든 문제를 정복하게 됩니다.

그러니까 영접한 후에도 "예수가 그리스도라는 것을 믿으라"는 말씀에 순종(마음속으로 예수가 그리스도라는 것을 믿는 일=내적 행위)하는 것이 너무너무 중요한 것입니다. 순종한 상태가 예수가 그리스도라는 것을 믿는 믿음에 머물러 있는 상태이기에 말입니다(행 14:22). 그게 예수 믿는 것이기에 말입니다. 그러니까 오직 예수! 오직 믿음! 이라는 말을 하는 것입니다. 하나님께서는 우리들에게 '오직 예수!'라고 하시는데 인간들이 다른 생각을 하거나 다른 것들을 쫓아가면 어찌 되겠습니까? 안 해도 될 고생을 하게 됩니다. 이런저런 문제들에게 정복당하게 되는 것입니다. 비교대학 우울학과생(세상 사람들=이방인)들처럼 그렇게 되고 맙니다.

　하나님께서 '오직 예수!'라고 하시니까 우리는 '오직 믿음!'이라고 화답하고 나가면 되는 것입니다. 그리하면 모든 문제를 정복하고 다스리게 됩니다. 그러니까 이런 영적인 내용을 알고 사는 것이 진짜 참 행복인 것입니다. 이런 내용에 대해 알고 누리고 싶으면 일단 이런 영적인 얘기를 자꾸 들어야 합니다(롬 10:17). 이런 얘기를 듣는 것이 자기 몸을 하나님께 제물로 바치는 일보다 낫고, 또한 들었으면 그것을 믿으라는 말씀에 순종하는 것이 그 어떤 일보다 낫기에 일단은 자꾸 들어보시기 바랍니다(삼상 15:22).

　그리고 늘 순종하는 것이 너무 중요합니다. 늘 순종하면 늘 하나님의 능력으로 모든 문제를 정복하고 나가게 되기에, 그래서 '예수가 그리스도라는 것을 믿으라는 말씀에 늘 순종하기 운동'을 하라고 한 것입니다. 이 운동은 쉬지 말고 해야 합니다(살전 5:17). 그리하면 하나님의 능력으로 살게 되고 범사에 감사하는 삶을 살게 됩니다(살전 5:18). 항상 기뻐하며 살게 됩니다(살전 5:16). 실제로 그렇게 됩니다. 이미 성경에 오래 전에 주어졌던 말씀(예언)인데 그 말씀이 자기에게 성취되었음을 자기가 알게 됩니다.

　그대도 사도 바울처럼, 나처럼 천국 대학 행복학과에 들어와서 참 행복을 누리고 또한 세상 사람을 살리는 아름다운 일을 하다가 천국에서 만나게 되기를 기도하며 이만 줄입니다. 샬롬!

31

영혼의 불량식품과 완전식품

초등학교 앞에서 불량식품을 판매한다는 뉴스를 보신 적 있죠? 불량식품일수록 맛과 색깔이 좋습니다. 그러나 먹으면 먹을수록 몸에 해롭습니다. 병들어 죽게 됩니다. 이처럼 우리 영혼에도 불량식품이 있습니다. 그게 뭐냐고요? 아마 얘기를 듣다 보면 깜짝 놀랄 것입니다. 세상적으로 이렇게 살아야 한다, 저렇게 살아야 한다는 부모님 말씀, 선생님 말씀, 공자 말씀, 석가 말씀 등, 도덕이나 율법이나 세상에 떠돌아다니는 모든 말들이 그럴싸하게 좋아 보이지만 모두 불량식품입니다.

하나님의 말씀인 율법을 어떻게 불량식품이라고 말할 수 있느냐고 따지고 덤벼드는 사람들도 있겠지만 율법도 결국은 우리를 사망에 이르게 하기 때문에 하는 말입니다(롬 7:10, 그게 나쁘다는 뜻에서 하는 말이 아니라 결국은 사망에 이르게 되기에 하는 말임, '율법'이 아닌 '믿음의 법'을 통해 새 생명을 얻는 것이 무엇보다도 시급하고 중요하기에 하는 말임, 롬 3:27, 8:2). 그런 불량식품들은 먹으면 먹을수록 더 힘들고 무거운 짐이 되어 나중엔 그(죄) 짐에 깔려 죽게 되고 마침내 둘째 사망(지옥)을 당하게 됩니다.

그러나 사는 방법, 그것도 천국에서 영원히 살게(영생) 되는 완전식품, 생명 식품이 있습니다. 그 완전식품의 이름을 알려 드릴 테니까 꼭 드시기 바랍니다. 그것이 바로 '예수'입니다. 예수가 그리스도라는 말을 들어보신 적 있죠? 예수가 그리스도라는 말은 예수만이 완전식품, 생명(영생)식품이라는 말입니다(요 6:48-58). 이것을 먹는 방법이 있습니다. 예수가 그리스도(완전식품, 생명의 떡, 생명의 물)라는 것을 믿고 그분을 자기 마음속에 영접하면 됩니다(요 1:12, 롬 10:9-10).

그 순간, 완전식품, 영생식품을 먹게 되므로 죄와 상관없이 새로운 피조물(새사람=참 인간)이 되어 지금부터 영생 복락을 누리게 되는 천국 백성이 됩니다. 지금부터 왕 같은 제사장으로서 세상을, 죄와 마귀 문제와 죽음문제를 비롯한 인생의 모든 문제를 정복하게 됩니다. 그 어떤 문제 앞에서도 염려하거나 속(마음)상하지 않게 됩니다. 왜냐면 예수님께서 우리가 해결할 수 없는 선악과 사건(창 3:1-6, 죄와 마귀와 죽음문제를 비롯한 인생의 모든 문제가 발생한 사건=하나님을 떠난 사건)을 해결해 주셨기 때문입니다.

그렇게 해주신 증거가 있습니다. 그게 바로 그분이 당하신 십자가 사건(피)입니다. 그 사건을 통해 살을 찢고 피를 흘리신 것은 우리 영혼에 생명의 떡과 생명의 물을 주시기 위함이었습니다. 그렇게 하시기까지 하여 우리를 살려 주신 것입니다. 그러기에 예수가 우리의 구세주(메시아=그리스도)입니다. 예수가 그리스도라는 말 속에 예수가 우리 영혼의 완전식품, 영생식품이라는 것이 숨어 있습니다. 이것은 하나님의 비밀입니다(골 2:2-3). 그러기에 그리스도가 영생의 떡, 영생식품이라는 것은 하나님밖에 모릅니다.

그런데 우리가 하나님만이 알고 계시는 비밀을 알아버렸습니다(골 1:26). 이 비밀을 알게 된 사람이 최고로 행복한 사람입니다. 우리는 최고로 행복한 사람입니다. 왜냐면 그 영생식품(그리스도)을 통해 영생을 얻었기 때문입니다. 뿐만 아니라 인생의 모든 문제가 어디서 왔으며(선악과 사건), 어떻게 해결됐는지를 알았고(십자가 사건), 한 마디로 인생의 모든 문제의 답(예수)을 알았고, 또한 그렇게도 만나고 싶었던 하나님을 다시 만나게 되었을 뿐만 아니라 천국을 비롯한 하나님의 모든 것을 소유하게 되었기 때문입니다. 더 이상 문제 될 것도 없고 더 이상 부족함이 없게 된 것입니다(시 23:1-6).

우리의 영혼을 살리는 완전식품, 생명식품, 영생식품은 '예수'밖에 없습니다. 어떤 일이 있어도 우리가 이것을 먼저 먹어야 합니다(마 6:33). 그리하면 영생을 얻게 된다는 법이 믿음의 법입니다(롬 3:27). 그리하면 나머지 모든 것이 해결되고 더해집니다. 저절로 자기를 내려놓게 되고, 자기를 용서하며, 선행하게 되며, 사랑하게 됩니다. 착한 일을 하신 그분이 우리 안에 계셔서 우리를 그렇게 인도하시기 때문입니다(빌 1:6). 온통 사람을 살리는 일에 신경 쓰게 되므로 남을 해치기보다는 남을 진심으로 도와주게 됩니다.

　이 세상에서의 자기에게 주어진 시간과 물질과 몸을 사람 살리는 일에 쓰게 됩니다. 이웃을, 민족을, 인류를 위해 그렇게 살아갑니다. 그것이 사랑입니다. 그러기에 율법이 요구하는 그 이상의 삶을 살게 됩니다(롬 13:8). 그러기에 색깔 좋은 불량식품에 속지 말고 보기에 별 볼 일 없는 것 같은, 그러나 생명식품, 완전식품인 '예수'를 먼저 마음속에 영접해서 인생의 모든 문제에서 해방된 참 자유인으로, 하나님의 모든 것을 소유한 천국 백성으로 멋지게 사시기 바랍니다. 샬롬!

32

영혼의 블랙홀

'영혼의 블랙홀'이라는 말 들어보셨죠? 우리 영혼에 밑바닥이 없는 큰 구멍이 있습니다. 이것이 영혼의 블랙홀입니다. 이 구멍은 돈, 명예, 권력으로, 한 마디로 세상의 그 어떤 것으로도 채울 수 없습니다. 그러기에 세상 부귀영화를 다 누려도 뭔가가 부족함을, 공허함을 느끼게 됩니다. 세상 부귀영화를 다 누려본 솔로몬 왕이 이것을 실감 나게 고백했습니다.

"헛되고 헛되니 모든 것이 헛되도다. 해 아래서 하는 모든 일이 무슨 유익이 있는가"(전 1:2-3).

그런데도 사람들이 영혼의 빈 구멍(블랙홀)을 세상 것으로 채워 보려고 해 아래에서 열심히 구하며 달려갑니다. 교인들조차도 그러고 있습니다. 그래봤자 헛되고 헛된 것이며, 그리고 그런 것들로는 채워지지 않는데 말입니다. 그리고 사람들이 이런 구멍이 있는 줄도 모릅니다. 교회를 몇십 년 다닌 교인들 중에도, 장로나 목사나 신부들 중에도 모르는 사람들이 있습니다. 모르고 있으면서 모르고 있다는 사실조차도 모릅니다.

모르고 있다는 사실을 알아야 '아하!~ 내가 이걸 모르고 있었구나'라는 생각을 하게 되고 또한 답을 찾게 될 텐데 원인도, 답도 모른 채 그냥 "예수 믿는다"고 교회만 열심히 다니고 있기 때문에 모르는 것입니다. 모르면 아는 사람을 통해 들어야 되는데 듣는 마음이 없어서 이런 얘기를 해줘도 듣지도 않습니다. 듣기는커녕 이런 말을 해주는 우리들을 향해 이상한 사람이라고 욕까지 합니다.

그런 말을 하는 그 사람이 영적으로 이상한 사람인데 자기 자신이 이상한 사람이라는 것조차도 모릅니다. 그렇게 모르고 있으면서 모르고 있다는 사실조차도 모릅니다. 그러면서 새벽기도, 철야기도, 금식기도까지 해가며 다른 사람들보다 자기가 더 신앙생활을 잘하는 것으로 생각하며 가슴 뿌듯하게 여깁니다. 하나님으로부터 인정을 받은 기분에 들떠 삽니다. 그래서 그런 기분을 성령 충만이라고 여기기까지 합니다.

그건 성령 충만이 아닌데… 그건 자기가 그렇게 열심히 한 것에 대해 마귀가 칭찬해준 건데… 자기 의를 내세우는 것에 불과한 것인데… 그러기에 점점 답은 알 수 없게 되는 것입니다. 그 구멍을 채워보려고 돈(물질)이 아닌 다른 것들을, 즉 좀 더 고상하게 예술, 철학, 도덕, 율법, 선행, 고행, 철야기도, 금식기도, 말과 뜻과 행실을 깨끗하고 착하게 또한 경건한 종교행위를 해보기도 합니다만 그런다고 채워지지 않습니다.

이 구멍이 언제 뚫렸는지를 알아야 합니다. 그게 선악과 사건 때입니다(창 3:1-6). 선악과 사건은 우리 영혼에 구멍이 뚫린, 즉 영혼에 블랙홀이 생긴 사건입니다. 이것이 원인이기에 이것을 해결하면 됩니다. 그것을 해결한 사건이 있습니다. 그게 예수님의 십자가 사건(피)입니다. 하나님께서 우리 영혼의 블랙홀을 채우시기 위해 여자의 후손(그리스도)을 보내주신다고 약속하셨고(창 3:15), 그 약속대로 그리스도가 오셔서 십자가 사건을 당하셨습니다(요 19:17-30). 그분이 바로 예수입니다(마 1:16-23).

그러니까 선악과 사건(죄) 때 뚫린 영혼의 구멍을 예수께서 십자가 사건(피)을 통해 채워주신 것입니다. 인간의 그 어떤 방법으로도 채울 수 없는 그것을 채워주셨기에 예수가 우리에게 있어서 구세주(메시아=그리스도)인 것입니다. 예수가 그리스도(우리 영혼의 블랙홀을 채워주신 구세주)라는 것을 믿고 받아들이면(영접하면) 그렇게 하는 순간 구멍이 채워집니다. 그 구멍이 채워짐으로 더 이상 부족함이 없어집니다. 마음에 뭔가 비어 있는 듯한 공허함이 없어집니다. 그러기에 더 이상 돈과 명예와 권력을, 세상 사상을, 세상 것들을 쫓아가지 않습니다.

이미 우리는 왕 같은 제사장이라는 엄청난 신분과 권세를 가지게 되었기에(벧전 2:9), 복의 본체이신 하나님, 모든 문제를 해결하신 구원의 하나님과 함께하고 있기에, 참 자유, 참 기쁨, 참 평안, 참 만족뿐 아니라 한 마디로 그 어디서나 하늘나라를 진짜 실제로 누리고 있기에(찬 438장), 죄 문제를 비롯한 이런저런 인생의 모든 문제의 답이 되신 예수! 구원의 하나님 그 자체이신 예수! 천국을 비롯한 하나님의 모든 것의 주인 되신 예수! 이런 예수님과 함께 하고 있기에 더 이상 문제 될 것도 없고, 더 이상 부족함이 없는 것입니다.

그러기에 이 세상에서의 주어진 시간과 물질과 몸을 사람 살리는 일(이런 엄청난 복을 누리는 비밀을 전해주는 일)에 쓰게 되는 것입니다. 그러다 보면 영원히 썩지 않을 상급까지 받게 됩니다(계 22:12).

그동안 남들보다 많이 배우지도 못한, 많이 가지지도 못한, 남들보다 높이 올라가지도 못한 그런 열등감, 소외감, 배신감에 낙심하고 좌절하며 살았던 우리들! 사람들의 눈치나 보며 살았던 우리들! 이런저런 말, 이런저런 사상, 이런저런 문제들 때문에 염려하고 속상해하며, 원망, 불평, 신경질, 짜증나는 지옥 같은 삶을 살았던 우리들! 그런 노예 생활을 하고 살았던 우리들이 그런 모든 것에서 자유케 되어 이제는 그런 문제들을 밟고 다니게 되었으니, 또한 그런 사람들을 낚는 어부가 되었으니, 왕 같은 제사장이 되었으니, 천국 대사가 되었으니 이 얼마나 행복한 삶입니까. 이 얼마나 멋진 삶입니까.

이렇게 행복하고 멋진 삶을 살게 된 것은 영혼의 블랙홀이 채워졌기 때문이며, 그것을 채워주신 분이 예수님이라는 사실! 그런 그분께 어찌 감사하지, 찬양하지 않을 수 있겠습니까. '늘 찬미'의 세 글자를, 늘 찬미의 제사를 드릴 수밖에 없는 것입니다(히 13:15). 샬롬!

33

유효기간이 지난 것을 먹으면?

빵과 우유에 유통(유효)기한이 있다는 것을 아시죠?

유통기간이 지난 것을 먹으면 어떻게 되겠습니까? 속이 불편할 뿐만 아니라 자칫 식중독에 걸려 고생하다 죽기까지 합니다. 살아 있는 동안에도 속이 불편함으로 끙끙 앓는 소리를 내뱉게 됩니다. 빵과 우유에도 유효기간이 있듯이 율법에도 유효기간이 있습니다. 빵과 우유의 유효기간이 1주일 정도라면 율법의 유효기간은 모세 때부터 예수님 때까지였습니다(갈 3:19).

예수님께서 2000여 년 전에 오셨기 때문에 벌써 유효기간이 끝났습니다. 그것도 십자가 사건(피)을 통해 확실하게 유효기간이 끝났다는 것을 온 세상에 드러내 주셨습니다(롬 10:4). 그러니까 십자가 사건은 율법의 유효기간이 끝나고 새 법이 선포되는 순간이었습니다. 새 법(신약=믿음의 법)의 내용은 이렇습니다.

예수가 그리스도(율법의 마침표임과 동시에 선악과 사건이 터진 동네〈세상〉의 우리를 건져내어 천국 백성이 되게 하신 구원의 하나님=구세주=메시아)라는 것을 믿고 영접하면 구원받게 된다는 법입니다(요 1:12, 롬 3:27).

그러기에 이 세상에 태어난 이상 예수가 그리스도라는 것을 믿으면 된다는 믿음의 법(새 법)은 반드시 지켜야 합니다. 이 법을 지키지 못하면, 즉 "예수가 그리스도라는 것을 믿으라"는 말씀에 순종("예수가 그리스도라는 것을 믿으라"는 말씀에 자기 마음이 무릎 꿇고 납작하게 엎드리는 일 = 내적행위) 하지 않으면 율법의 유효기간이 끝나지 않은 상태에 머물러 있게 되기에 저주 아래에 있게 되는 것이고(갈 3:10) 저주 아래에 있게 되므로 계속해서 시간표에 따라 문제(저주)들을 만나게 되고, 그러다가 죽어 지옥 문제까지 만나게 되는 것입니다.

교회를 다니는데도 왜 자꾸만 이런저런 문제들이 밀려오는지 모르겠다고… 왜 하나님으로부터 응답을 받지 못하는지 모르겠다고… 오히려 교회를 다니지 않을 때가 더 좋았다고 말하는 사람들이 있는데 그런 사람들은 예수가 그리스도라는 것을 제대로 모르거나, 알아도 그것을 믿으라는 말씀에 순종하지 않고 그냥 교회만 열심히 다니고 있어서 그런 것입니다.

물론 문제들을 통해서 답(그리스도) 속으로 데리고 들어오게 하시려는 하나님의 계획도 있습니다만 어쨌든 그 어떤 일보다도 먼저 예수가 그리스도라는 것을 제대로 알아야 하고, 알았으면 그것을 믿으라는 말씀에는 반드시 순종해야 합니다. 그리하지 않으면 유통기간이 지난 빵과 우유를 먹어서 식중독에 걸려 고생하는 사람처럼 유통기간이 지난 율법을 먹고 있는 상태라서 영적 식중독에 걸려 고생하다가 나중에 지옥까지 가게 됩니다.

율법이 좋아 보이나 사람을 힘들게 하고, 결국 사망에 이르게 합니다(롬 7:10). 그런데도 이런 영적인 비밀을 모르는 종교지도자들이 교인들에게 율법을 계속해서 퍼먹이고 있습니다. 율법의 행함이 없으면 구원받지 못한다는 아주 그럴싸한 거짓말을 목에 힘주어 진지하게 합니다. 이런 사람들은 2000여 년 전 율법을 가르치며 하나님을 섬겼던 바리새인들처럼 아주 경건해 보이고 그럴듯해 보이나 거짓 선지자들입니다. 독사(마귀)의 자식들입니다(마 23:33).

성경에서 복음(새 법)이 아닌 유효기간이 만료된 율법(옛 법)을 챙겨 들고 서서 하나님의 이름으로 사람들을 정죄하고 있는 거짓 목사나 신부들을 조심하시기 바랍니다. 그들은 현대판 바리새인들입니다. 그런 인간들은 자기들도 천국에 들어가지 못할 뿐만 아니라 다른 사람들까지도 천국에 들어가지 못하도록 훼방하는 아주 악한 자들입니다. 지옥에 처박힐 자들입니다(막 9:43-48).

율법은 죄를 깨닫게 해주는 것이지 구원(영생)을 얻게 하는 것이 아닙니다(롬 3:20). 법이 있어야 죄가 뭔지 알게 되고, 그래야 그 죄 문제를 어떻게 해결할 것인지 고민하게 되고, 그러다가 어느 날 예수가 그리스도(율법의 마침표, 죄 문제를 해결해 주신 구세주)라는 것을 알고, 믿어 구원에 이를 수 있게 해주려고 하나님께서 율법을 주신 것인데, 이런 비밀을 모르는 목사나 신부들이 유통기간이 지난 율법을 사람들에게 자꾸만 퍼먹여서 영적 식중독에 걸리게 하여 고생을 시키고 있습니다.

나도 한때 그런 목사들 밑에서 유효기간이 끝난 율법을 많이 먹고 영적 식중독에 걸려 죽다가 살아난 사람입니다. 예수가 그리스도라는 것을 나중에서야 알게 되었고, 그래서 그것을 믿고 영접하라는 말씀에 순종했더니 이렇게 살아나서 이런 얘기를 하는 것입니다. 오직 예수만이 생명의 빵, 영생의 빵이라는 것을, 오직 예수만이 갓 구워낸 새로운 빵이라는 것을, 오직 예수만이 갓 뽑아낸 생명의 우유라는 것을 이렇게 입만 열면 자랑하고 있는 것입니다.

유효기간이 지난 빵(율법)을 먹으며 자랑하는 사람은 저주 아래에 있기에, 자유하지 못하기에 항상 율법을 지키지 않으면 큰일이 날 것이라는 염려 속에 살다가 염려했던 일을 당하기도 합니다(욥 3:25). 유통기간이 지난 세상의 우유나 빵을 먹은 사람들도 속이 상하고, 속이 불편해서 끙끙거리는 것처럼, 유통기간이 지난 율법을 먹고 사는 사람들도 속이 상하고, 속이 불편해서 원망, 불평, 신경질, 짜증을 내는 것입니다.

예수를 믿는다면서도 그러는 사람들이 있는데 그런 사람들은 아직도 예수가 그리스도라는 것을 확실히 모르거나, 그것을 믿으라는 말씀에 순종하지 않아서 그런 것입니다. 제대로 알고 순종하면 그럴 리가 없습니다. 예수가 그리스도라는 것을 제대로 알고 그 말씀에 순종했는데도 그렇게 속이 불편하여 원망, 불평, 신경질, 짜증이 난다면 하나님의 말씀(복음)이 거짓말이 되는데 그럴 리가 있겠습니까?

그러기에 예수가 그리스도(십자가 사건을 통해 율법의 유효기간을 끝내주신, 율법의 마침표, 생명의 빵)라는 것을 제대로 알고, 알았으면 그것을 믿으라는 말씀에 순종하는 것이 너무나도 중요한 것(일)입니다. 이 일을 먼저 하지 않으면 결국 율법뿐만 아니라 인생의 모든 문제 아래에서 계속 종노릇을 하게 됩니다(요 6:29). 그러나 유효기간이 지난 빵(율법)이 아닌 새로운 빵, 영생의 빵(예수)을 먹으면 나머지도 되고 더해집니다(마 6:33). 더 이상 배고프지도, 목마르지도 않습니다. 더 이상 문제 될 것도 없고, 더 이상 부족함도 없습니다.

그러기에 이 세상에서의 주어진 시간, 물질, 몸을 사람 살리는 일에 쓰게 됩니다. 율법이 요구하기에 그런 삶을 사는 것이 아니라 이미 율법에서 자유하기에, 인생의 모든 문제에서 자유하기에, 천국을 비롯한 하나님의 모든 보화를 가졌기에 그렇게 되는 것입니다. 너무나 감사해서 그렇게 되는 것입니다.

그러기에 이미 유효기간이 지나도 한참 지나버린 것(율법)을, 그걸 먹으면 먹을수록 영적 식중독에 걸려 속이 더 불편해서 속이 상하는 소리를 할 수밖에 없다는 사실을 알고, 그것 붙잡고 있으면 남을 정죄하게 되고 미워하게 된다는 것을 알고, 오직 '예수'만이 갓 구워낸 새로운 빵, 영생의 빵이라는 것을, 오직 '예수'만이 갓 뽑아낸 새로운 우유라는 것을(요 6:48-58), 한 마디로 '예수'만이 '그리스도'라는 것을 믿으라는 말씀에 순종하셔서 지금부터 영원히 임마누엘 동산에서의 삶을 살게 되기를 그리스도이신 예수 이름으로 축복합니다. 샬롬!

34

깊은 웅덩이에서 벽돌쌓기 하는 인간들

사람들이 깊은 구덩이 속에 빠진 상태에서 이런저런 모양의 벽돌들을 쌓아 올리고 그 안에 갇혀서 그것이 인생인 줄 알고 살다가 그 안에서 죽어갑니다. 선악과 사건(죄)에 빠진 상태가 깊은 구덩이라면, 도덕, 율법, 고행, 선행, 공자 사상, 석가 사상, 자기 생각, 세상 사상, 마귀 사상, 각종 종교의 교리와 말과 뜻과 행실을 깨끗하고 착하게 해야만 된다는 그런 말, 그런 행위, ~~해라, ~~하지 마라 등의 것들은 벽돌들에 해당합니다.

그런 것들이 에덴동산에 있었던 선악과처럼 보암직하고 먹음직하고 지혜롭게 할 만큼 탐스럽게 보이기 때문에 그런 것들을 좇아가고, 또한 열심히 쌓아 올립니다. 이미 선악과 사건이라는 깊은 구덩이에 빠진 상태인데 그런 줄도 모르고 자꾸만 이런저런 벽돌들을 쌓아 올려 그 안에 갇혀 삽니다. 그리고 그게 좋은 것인 양,

뭔가 많이 알고, 많이 가진 것인 양 자랑하기도 합니다. 그것들이 자기를 가두는 벽돌들이라는 것도 모르고, 그게 배설물(똥)인 줄도 모르고 말입니다(빌 3:8).

그걸 똥이라고 하면 그들은 자기 자존심을 상하게 했다고 화를 내기도 합니다. 남이 들여다 볼 수 없을 정도로 높이 쌓아 올려놓고 그 안에 갇혀 우울해하며 아예, 우울증에 걸려 사는 사람들도 있습니다. 예수가 그리스도라는 것을 발견하지 못한 상태에서의 모든 생각, 모든 행위는 그런 결과를 초래합니다. 모래 위에 집을 짓는 것과 같습니다. 그러기에 비바람이 치면, 즉 어떤 문제를 만나게 되면 곧 무너지고 맙니다(찬 204장).

어떤 문제 하나 만나면 그 충격을 못 이겨 상처를 받게 되고, 그로 인해 정신 문제를 만나게 되고, 그러다가 자살까지 하게 됩니다. 그렇게 완전히 무너져버립니다. 자기가 쌓아 올린 이런저런 벽돌(앞에서 말한 세상 사상)들에게 얻어터지고 상처받고 죽게 됩니다. 그 안에서 결국 무너진 벽돌들에게 파묻혀 죽게 되는데 이 순간이 지옥의 깊은 나락으로 떨어지는 순간입니다.

그동안 유명 연예인, 정치인, 경제인들이 자살하는 것을 많이 봤을 것입니다. 문제 하나 만나면 그렇게 뻥뻥 나자빠집니다. 그러기에 주어진 인생동안 예수가 그리스도라는 것을 깨달아야 합니다. 그래야 사도 바울처럼, 나처럼 죄 문제를 비롯한 인생의 모든 문제에서 자유하게 되고, 또한 이런 눈(영안)을 뜨고 바라보게 되고 말하게 됩니다. 예수가 그리스도라는 말은 예수께서 십자가 사건(피)을 통해 이미 선악과 사건(죄)에 빠진 상태에서 마귀가 시키는 대로 이런저런 벽돌(세상 사상)들을 쌓아 올리다가 그 안에 갇혀 어느 날 문제를 만나면 한 순간에 무너지고, 죽어 지옥의 깊은 나락으로 떨어질 우리들을 구원하신 구원의 하나님이라는 말입니다.

예수가 그리스도라는 것만 믿고 영접하면 선악과 사건이라는 영적인 깊은 웅덩이에서와 마귀가 시키는 대로 벽돌 쌓던 그 현장(세상=선악과 사건이 터진 동네)에서 해방됩니다. 그러기에 "예수가 그리스도라는 것을 믿고 영접하라"는 말씀이 너무나도 중요한 말씀입니다. 그 말씀에 순종하면 거기서 해방된 '참 자유인'이 되고 하나님을 만나 하나님의 모든 것을 소유한 '천국 백성'이 되어 자유와 평화를 누리며 훨훨 날아다니게 됩니다. 영혼이 기뻐 뛰며 예수가 그리스도라는 것을 노래하고 춤추게 됩니다(시 23:1).

인생의 모든 문제, 수고하고 무거운 모든 짐(선악과 사건 때부터 짊어지고 있었던 십자가)을 벗어버렸기에 그렇게 됩니다(마 11:28). 그 깊은 구덩이와 벽돌쌓기에 여념이 없었던 지옥 같은 삶에서 해방됐기에 그렇게 됩니다. 그러기에 예수가 그리스도임을 믿으라는 말씀(복음)에 순종하기 바랍니다. 이것이 그대의 그 어떤 행위(선행, 고행, 도덕, 율법이나 말과 뜻과 행실을 깨끗하고 착하게 하는 것)보다 아니, 그대의 몸을 하나님 앞에 제물로 드리는 것보다 낫습니다(삼상 15:22).

벽돌을 내려놓아야겠다는 다짐을 한다고 해서 내려놓아지는 것도 아니고 율법적인 교육을 통해 내려놓아야 된다는 것을 배웠다고 해서 내려놓아지는 것도 아닙니다. 설령 내려놓아졌다 해도 그건 진짜 내려놓아진 것이 아니라 어쩔 수 없이 내려놓은 것일 뿐입니다. 그러나 예수가 그리스도라는 것을 깨닫게 되면 저절로 내려놓게 됩니다. 저절로 되는 삶(성령의 인도)을 살게 됩니다.

하나님께서는 우리들이 만나는 문제들마다의 답을 주셨습니다. 예수가 그리스도라는 말은 예수가 바로 우리들이 만나는 문제들마다의 '답'이라는 말입니다. 답이 되어 주신 증거가 있습니다. 그게 예수님의 십자가 사건(피)입니다.

그런 엄청난 역사적인 증거가 있는데도 사람들이 믿지도 않고⋯ 믿어지지 않으니까 그 말씀에 순종을 안 하게 되고⋯ 순종을 안 하게 되므로 하나님의 역사가 일어나지도 않고⋯ 결국 깊은 웅덩이 안에서 이런저런 벽돌들을 쌓아 올리다가 무너지는 그 벽돌들에게 얻어터지고 덮여 죽어 지옥으로 가게 되는데 말입니다.

처음(에덴동산에서)부터 선악과로 인간을 속였던 마귀는 지금도 앞에서 말한 그런 것들을 가지고 사람들을 속이고 있는데⋯ 율법을 비롯한 그런 것들은 제2의 선악과에 해당하는 것들인데⋯ 그런 것들을 좇아가면 결국은 사망에 이르게 되는데 사람들이 그런 줄도 모르고(롬 7:10)⋯ 그러니까 인간들이 에덴동산에서부터 지금까지도 계속해서 속고 있는 것입니다. 그렇게 속고 살다가 지옥까지 가서 영벌(永罰)을 받게 되는데 말입니다. 제발 "예수가 그리스도라는 것을 믿으라"는 말씀에 순종하셔서 참 자유인, 천국 백성, 왕 같은 제사장의 신분과 권세를 누리며 멋지게 사시기 바랍니다.

35

꽃 중의 꽃

　연주회나 전시회의 주인공을 축하하든, 생일의 주인공을 축하하든 항상 축하의 대상에게 꽃다발이 주어집니다. 그 꽃다발을 받을 때 기분이 좋죠? 그런데 오늘 제가 그대에게 꽃다발 정도가 아니라 아예 활짝 핀 꽃나무를 통째로, 그것도 한 그루가 아니라 수백, 수천 그루를 전해 드리겠습니다.

　이건 제가 드리는 것이 아니라 하나님께서 주신 것인데 제가 대신 전해 드리는 것입니다. 모든 것이 다 하나님의 것이기에… 하나님께서 꽃을 꺾어 만든 꽃다발을 주신 것이 아니라 올해도, 내년에도 계속해서 싱싱한 꽃을 볼 수 있게 하시려고 꽃나무를 통째로 주셨습니다. 창문을 열고 바라보시기 바랍니다. 참으로 예쁘고, 또한 꽃 종류도 엄청나게 많죠? 이거 모두 다 그대의 것입니다. 하나님께서 그대를 사랑하시기에 온 사방팔방을, 온 세상을 작은 꽃다발 정도가 아니라 아예 활짝 핀 꽃나무들로 가득 둘러놓았습니다.

그 속에 그대가 서 있습니다. 정원(지구)이 너무나 크고 꽃이 너무 많아서 그대의 것으로 여겨지지 않을지도 모르겠습니다. 그러나 하나님께서는 이 모든 꽃을 그대에게 주신 것이니 누군가가 갖다 주는 작은 꽃다발만 기뻐하지 마시고 이렇게 엄청난 정원과 살아 있는 꽃다발로 그대를 둘러싸게 하신 하나님께 감사하고 기뻐하시기 바랍니다.

그대 손안에 있는 꽃뿐만 아니라, 그대 손에 있는 것만 그대 것이 아니라 이 모든 하나님의 것이 그대의 것입니다. 그러기에 더 이상 부족함이 없다고, 더 이상 문제 될 것이 없다고 노래하는 것입니다. 그렇게 해주신 구원의 하나님(예수)을 노래하는 것이 우리의 일 중의 일입니다(합 3:17-8, 히 13:15). 그러기에 "예수가 나의 그리스도이시니 내게 문제 될 것도, 부족함도 없으리로다!"라고 노래하는 것입니다(시 23:1).

이렇게 된 것은 우리가 무엇을 어떻게 잘해서, 즉 말과 뜻과 행실을 깨끗하고 착하게 해서, 도덕이나 율법이나 고행이 수반된 종교행위를 잘해서 그렇게 된 것이 아니라 "예수가 그리스도라는 것을 믿으라"는 말씀에 순종했기 때문입니다.

그리고 꽃 중의 꽃이 무엇인지 아십니까?
꽃 중의 꽃은 바로 그대입니다. 그 많은 꽃 중에 가장 아름답고 귀한 꽃은 그대입니다. 선악과 사건이 터진 동네에 있는 상태라면 더럽고 추한 꽃, 죽은 꽃이지만 예수님의 십자가 사건(피)을 넘어

부활 사건이 터진 동네(임마누엘 동산)로 옮겨진 상태이기에 거룩하고 아름다운 꽃, 생명의 꽃입니다.

하나님께서는 이렇게 꽃 중의 꽃인 그대를 바라보시며 "오! 사랑스런 나의 꽃이여!"라며 그 향기에 취해 계십니다. 이 꽃의 향취는 여호와 하나님의 복 주신 밭의 향취입니다(창 27:27). 하나님의 복 밭에 피어난 꽃 중의 꽃인 그대! 복을 안 받을 수가 없는 그대! 그리스도의 향기를 날릴 수밖에 없는 그대! 그대가 잠시 실수하여 죄를 범했다 할지라도 하나님께서 그것은 지나간 것으로 여기시며 죄로 인정치 않으시니 염려하지 마시기 바랍니다(롬 4:6-8).

아담 안에서 태어난 그대(죄인)와 아담이 가진 저주(죽음문제를 비롯한 인생의 모든 문제=십자가)는 예수님의 십자가 사건을 통해 영원히 지나가고(해결되고) 예수 안에서 거듭난 그대(의인)가 진짜 그대(죽음문제를 비롯한 인생의 모든 문제에서 해방된 자=복덩어리=꽃 중의 꽃)입니다. 이렇게 되어있는 그대가 진짜 그대이며, 이런 그대를 '그리스도인'이라고 하는 것입니다. 더 이상 문제 될 것도 없고 더 이상 부족함이 없는 그리스도인이기에 이 세상에서의 주어진 시간과 물질과 몸을 사람 살리는 일에 던지게 된 것입니다. 이것이 이웃을, 민족을, 인류를 사랑하는 일입니다. 이것이 그리스도의 향기입니다.

그러기에 이 세상에 발을 딛고 있는 아담 안에서 태어난 그 육신(겉 사람)을 보고, 그리고 그 육신이 처해 있는 상황을 보고, 세상을 보고, 문제들을 보고 실망하거나 속상해하지 마시기 바랍니다.

속지 말라고 늘 "예수가 그리스도라는 것을 믿으라"는 말씀에 순종하라고 한 것입니다.

우리는 하나님의 꽃밭의 꽃들입니다. 그런 꽃들이기에 세상 꽃들보다 더 아름다우며 더 귀한 존재들입니다. '사람이 꽃보다 아름다워~'라는 세상 노래도 있지 않습니까?

그리스도의 향기를 발하는 꽃 중의 꽃이 되어있는 우리들이기에 그런 우리들을 통해 또 누군가에게로 '그리스도'가 전해집니다. 우리는 이렇게 멋진, 아름다운 꽃들입니다. 항상 "예수가 그리스도라는 것을 믿으라"는 말씀에 순종하여 항상 멋진 향기를 날립시다. 샬롬!

36

영적 혈루병(선악과 사건)이 더 무서운 병이다

12년 동안이나 혈루병으로 고생하던 여자가 많은 의사들을 찾아다니며 병 낫기를 바랐으나 오히려 많은 의사들에게 많은 괴로움을 받았을 뿐만 아니라 있던 것(돈)도 다 허비하고 도리어 병이 중하게 됐습니다(막 5:25-34).

인간은 이렇게 어떤 문제를 만났을 때 그 문제만 해결하면 되는 줄 알고 그 문제를 해결하는 데에만 골몰합니다. 그러기에 오히려 더 불안하고 조급해집니다. 그러는 사이에 그 문제가 더 커지고 복잡하게 꼬여 영원히 해결할 수 없게 됩니다.

그러기에 지금 어떤 문제를 만났을 때는 그 문제를 왜 만나게 되었는지 근본 원인을 찾아 그것을 해결해야 합니다. 예를 들어 진양호의 댐에 구멍이 나서 시민들이 물난리를 만나게 되어 고통을 당하고, 죽어가고 있다면 무엇이 근본 문제이겠습니까?

진양호 댐에 구멍이 난 것이 문제의 근본 원인입니다. 그렇다면 죽음문제를 만나기 전에 무엇을 먼저 해야겠습니까? 근본 원인이 댐의 구멍이니까 그 구멍을 막는 것이 먼저입니다.

그런데도 구멍을 먼저 막지 않고 이런저런 방법을 찾아다닌다든지, 이리저리 피해 다니면 어찌 되겠습니까? 그러다가는 고생만 진탕하고 지쳐 죽게 됩니다. 그렇듯이 인생도 문제의 근본 원인이 무엇인지를 알고 그 원인을 먼저 해결하지 않으면 계속해서 점쟁이를 비롯한 이런저런 방법들을 찾아다니게 되고, 이리저리 피해 다니다가 지쳐 죽어 지옥으로 가고 맙니다. 인생에 있어서 문제의 근본 원인은 선악과 사건(마귀에 의한 인간의 오리지널 죄)입니다(창 3:1-6).

지옥 문제나 죽음문제를 만나게 된 근본 원인도, 죽음문제를 당하기 전까지의 지금 만나고 있는 그 문제를 비롯한 이런저런 수많은 문제들을 만나게 된 근본 원인도 죄 때문임을 알아야 합니다. 죄, 즉 선악과 사건이 터지기 전에는 인생에 아무런 문제가 없었으나 이 사건이 터진 후 마귀, 죄, 죽음, 지옥 문제를 비롯한 인생의 모든 문제(혈루병 포함)가 생긴 것입니다. 그러기에 그런 육적인 혈루병을 포함하여 죽음문제를 비롯한 인생의 모든 문제보다 더 큰 문제는 선악과 사건이라는 것을 알아야 합니다. 이 사건으로 인간은 영적인 혈루병에 걸린 상태가 된 것입니다.

그래서 육적 혈루병을 비롯한 이런저런 문제(저주)들이 시간표를 따라 개인에게, 가문에 흐르게 된 것이고, 만나게 되는 문제들로 인해 염려하고 속상해하며, 원망, 불평, 신경질, 짜증나는 지옥 같은 삶을 살게 된 것입니다. 그런데도 사람들이 그런 줄도 모르고 육적 혈루병이나 경제문제만 해결하면 되는 줄 알고 그런 일에만 사로잡혀 삽니다(마 6:31-33). 그렇게 해서 솔로몬 왕처럼 세상의 온갖 부귀영화를 다 움켜잡아 봐도 헛되고 헛된 것(똥)인데 말입니다(전 1:2-3).

선악과 사건이라는 영적 혈루병은 세상의 그 어떤 의사를 찾아가도 해결되지 않습니다. 도덕이나 율법이나 고행이나, 또는 무속인들을 찾아가서 점을 치고 굿을 하거나, 각종 종교행위를 열심히 해도 안 됩니다. 말과 뜻과 행실을 아무리 깨끗하고 착하게 해도 안 됩니다.

그 어떤 법이나 그 어떤 행위로도 안 됩니다(롬 3:27).

인생에 있어서 이미 진양호 댐의 구멍보다도 더 엄청난 구멍(근본 원인=선악과 사건)이 나버렸기에 그런 방법으로는 절대로 그 구멍을 막을 수 없습니다.

그런데 이걸 해결해 주신 분이 계십니다.

그분이 바로 '예수'입니다.

해결해 주신 증거가 있습니다.

그게 그분이 당하신 '십자가 사건(피)'입니다.

예수님께서 십자가 사건을 통해 인생의 근본 문제의 원인인 선악과 사건(영적 혈루병)을 해결해 주셨기에 그분이 우리의 '그리스도

(구세주=메시아)'인 것입니다.

예수가 그리스도라는 것을 믿고 영접하면 그 엄청난 영적 혈루병(선악과 사건)이 해결됩니다.

그러기에 죄 문제를 비롯한 인생의 모든 문제에서 자유케 되는, 그리고 영생은 물론 천국을 비롯한 하나님의 모든 것(복)을 누리게 되는 하나님의 전능하신 역사를 체험하게 됩니다. "예수가 그리스도라는 것을 믿으라"는 말씀에 순종(믿음의 행위=내적 행위=하나님께서 인정해 주시는 행위, 요 6:29)하면 그렇게 되기에 이것을 복음(새 언약=믿음의 법)이라고 합니다. 복음에 순종하면 복음 속에 들어있는 그런 엄청난 복을 실제로 누리게 됩니다.

그러기에 더 이상 문제 될 것도 없고, 더 이상 부족함도 없는 그야말로 새로운 피조물(새 사람)로서 새 동네(임마누엘 동산)의 삶, 즉 그 어디서나 하늘나라를 누리며 전하는 삶을 살게 됩니다(찬 438장). 아직 몸이 썩지 않아서 이 세상에 발을 딛고 있지만 그런 내(우리)가 진짜 내(우리)가 아니라 임마누엘 동산에 들어와 그 어디서나 하늘나라를 누리고 전하는 내(우리)가 진짜 나(우리)라는 것을 알아버렸기에 이 세상에서의 주어진 시간과 물질과 몸을 사람 살리는 일에 쓰게 되는 것입니다.

모세에 대한 이야기 아시죠?

모세라는 이름의 뜻은 '물에서 건져진 자'라는 뜻입니다. 그가 어린 시절 바로 왕의 명령 때문에 나일강물에 던져졌습니다. 죽을 수밖에 없었던 모세가 애굽(이집트)의 공주에 의해 건져졌습니다.

모세가 강물에서 건져진 순간부터 애굽의 왕자로서 왕궁의 삶을 누리게 되었고, 그런 그가 장성해서 애굽의 바로 왕 밑에서 종살이하던 이스라엘 백성들을 해방시켜 주었습니다.

이 세상에 태어나는 인간들은 선악과 사건이라는 똥물(오리지널 죄)에 던져져 있습니다. 그 똥물에 떠내려가다가 고생하게 되고, 결국 죽어 지옥으로 갈 수밖에 없는 우리가 그리스도이신 예수님에 의해 건져졌으니까 건져진 순간부터 하나님과 함께, 그것도 진짜 참 왕궁(천국=임마누엘 동산)에서 그리고 하나님의 왕자(하나님의 자녀)로서 왕궁(천국)의 삶을 누리게 된 것입니다.

그러기에 우리가 진짜 모세(세상에서, 죄 문제를 비롯한 인생의 모든 문제에서 건져진 자)입니다. 오래전 모세가 애굽의 바로 왕 밑에서 종노릇을 하던 이스라엘 백성들을 구원했던 것처럼, 우리도 이젠 이 세상의 마귀라는 왕 밑에서 종노릇을 하는, 거짓 목사나 신부나 종교 지도자들, 밑에서 종노릇을 하는, 그리고 이런저런 인생의 문제들의 종노릇을 하는 영적 이스라엘 백성들을 건져내야 합니다.

우리는 예수가 그리스도라는 것을 믿는 믿음의 사람들이며, 사람 낚는 어부요, 천국 대사요, 왕 같은 제사장입니다(마 4:19, 고후 5:20, 벧전 2:9). 참으로 엄청난 신분과 권세를 가진 자들입니다. 이런 엄청난 신분과 권세를 우리가 써먹지 못한다면 예수님의 십자가 사건(피)을 헛된 사건으로 만드는 것이나 마찬가지가 되기에 "예수가 그리스도라는 것을 믿으라"는 말씀에 늘 순종하여 늘 그 엄청난 신분과 권세를 누리시기 바랍니다.

지금 세상에는 육적인 혈루병만 병인 줄 알고 그 문제를 해결하기 위해 온갖 신경을 곤두세우고 있는 자들, 경제문제만 해결되면 만사형통이 된다는 생각 속에 푹 빠져 지옥문을 향해 떠내려가는 자들이 많습니다. 우리가 그들에게 육적 혈루병을 통해 영적 혈루병(선악과 사건)이 더 엄청난 병이라는 것을, 그리고 그 영적 혈루병을 먼저 해결해야 혈루의 근원(선악과 사건=저주)이 마르게(해결) 되고, 나머지도 해결된다는 것을 가르쳐 줘야 합니다(막 5:29, 마 6:33). 우리 각자가 '모세'라는 것을 절대로 잊어서는 안 됩니다.

37

영혼의 혁명

각 사람의 마음에 사탄(마귀)의 왕국이 건설되어 있습니다.

언제? 선악과 사건 때!

그러니까 선악과 사건(마귀에 의한 인간의 오리지널 죄, 창 3:1-6)은 단순히 자기 영혼의 죄 문제 정도가 아니라 사탄의 왕국이 건설된 엄청난 사건입니다. 선악과 사건이 터진 동네(세상)에 사는 모든 인간들은 사탄의 왕국에서 사탄을 왕으로 섬기며 그의 종노릇을 하고 있습니다. 노골적으로 종노릇을 하는 인간들도 많습니다. 마음이 사탄의 왕국이기에 사탄의 역사가 계속 진행되고 있습니다.

그런데도 사람들이 이런 영적인 내용을 모르고 눈만 뜨면 '무엇을 먹을까? 무엇을 입을까? 어떤 직장, 어떤 자리로 올라갈까?'라는 생각에만 사로잡혀 삽니다. 지금 만나고 있는 그 문제를 비롯한 인생의 모든 문제를 만나게 된 원인이 선악과 사건 때문인데 그 사건이 자기에게 있어서 어떤 사건인지조차 모릅니다.

그로 인해 죽음문제를 비롯한 이런저런 문제들이 생기게 된 것이고 그로 인해 염려하고 속상하게 된 것이고 그로 인해 원망, 불평, 신경질, 짜증을 내며 사람 탓, 환경 탓을 하며 살게 된 것이고… 그러기에 "아이고 내 팔자야!"라고 신세타령을 하며 살게 된 것인데…. 마음속이 늘 전쟁터요, 그것이 밖으로 드러나 실제로 전쟁(싸움)을 하기도 합니다.

선악과 사건으로 인해 사람의 마음이 사탄의 왕국이 된 관계로 죄와 죽음문제를 비롯한 인생의 모든 문제들이 들썩이고 있기 때문에 그런 문제들과 늘 싸울(전쟁) 수밖에 없습니다. 아무리 그렇게 살고 싶지 않아도 그렇게 살게 됩니다. 도덕이나 율법을 통해, 또는 마음수련이나 엄숙, 경건한 종교행위를 통한 고행을 해도 그런 삶에서 해방되지 못합니다. 그런 방법으로 해봤자 잠시 되는 것 같다가도 안 됩니다. 인생의 모든 문제와의 전쟁에서 인간은 어떤 방법으로도 이길 수 없습니다.

이길 수 있는 방법은 먼저 선악과 사건을 해결해야 합니다.
이것이 '먼저' 해결돼야 사탄과 사탄의 왕국에서도 벗어날 수 있고, 또한 죄와 죽음문제를 비롯한 인생의 모든 문제에서 해방되고, 또한 하나님을 다시 만나 하나님의 모든 것을 누리게 됩니다(마 6:31-33). 그런데 문제는 우리가 선악과 사건을 해결할 수 없습니다. 그런데 이것을 해결 해주신 분이 계십니다. 그분의 이름이 '예수'입니다. 해결해 주신 증거가 있습니다. 그게 바로 '예수님의 십자가 사건(피)'입니다.
그 엄청난 십자가 사건(피)을 통해 선악과 사건(죄)을 해결해 주셨기에 예수가 우리의 '구세주(구원의 하나님=메시아=그리스도)'라는 것을 안 믿을 수 없는 것입니다. 하나님께서는 예수가 그리스도라는 것만 믿고 영접하면 죄 사함을 받게 되고 성령(하나님)이 우리 마음에 임하게 된다고 하셨습니다(행 2:38). 창조(생명)의 주요, 전능의 주요, 만왕의 왕이신 그분이 임하심으로 사탄과 그의 왕국이 박살나고 하나님과 하나님의 나라가 건설됩니다. 영혼에 혁명이 일어납니다.

인생을 사는 동안 영혼에 혁명이 일어나야 합니다.

그래야 지금부터 그 어디서나 하늘나라를 누리게 됩니다(찬 438장). 영혼에 혁명이 일어나는 방법은 딱 한 가지 방법밖에 없습니다. 오직 예수가 그리스도(그렇게 해주신 구원의 하나님)라는 것을 믿으라는 말씀에 순종하는 방법밖에 없습니다. 순종하면 그분께서 우리의 왕이 되어 주시므로 문제 될 것도 없고, 부족함도 없게 됩니다(시 23:1). 각 사람에게 있어서 왕이 누구냐? 이것이 너무나도 중요합니다. 그대의 왕은 누구십니까?

38

사망의 그물

그물로 물고기를 잡아본 적이 있습니까? 낚싯대로 물고기를 잡는 것보다 훨씬 많이 잡을 수 있습니다. 그것도 순식간에. 그물에 걸려든 물고기에게 그 그물은 '사망의 그물'입니다. 왜냐면 그물 안에 잡힌 물고기는 살아 있으나 곧 죽게 되기 때문입니다. 이 세상에 태어나는 인간들도 이같이 사망의 그물에 걸려 있습니다. 이 세상(선악과 사건이 터진 동네)은 거대한 사망의 그물과 같으며, 그 그물을 움켜잡고 있는 놈이 마귀이기 때문입니다.

그러기에 지금 세상(사망의 그물)에 살아 있으나 얼마 안 가서 물고기처럼 죽게 됩니다. 물고기는 한 번 죽음으로 끝나지만 사람은 한 번 죽음으로 끝나는 것이 아니라 둘째 사망(지옥)을 당하게 됩니다(계 20:14). 그런데도 인간들이 언제 자기 자신이 사망의 그물에 걸렸는지도 모른 채 그저 무엇을 먹을까? 무엇을 입을까? 즉 경제(돈)문제만 해결되면 만사형통이 되는 것처럼 열심히 달려가고 있습니다.

물고기들이나 짐승들은 그런 삶을 살다가 가면 되지만 인간으로 태어났다면 이런 내용에 대해 알아야 합니다. 그래야 그 사망의 그물에서 벗어나게 되는 방법도 알게 되고, 또한 벗어나게 될 것 아니겠습니까? 인간이 사망의 그물에 걸린 사건이 선악과 사건입니다(창 3:1-6). 누가 우리를 사망의 그물(선악과 사건)에 걸려들게 했습니까? 그놈이 바로 마귀(사탄)입니다. 이놈이 선악과를 미끼로 하여 우리를 사망의 그물로 사로잡아 지옥으로 가는 중입니다. 우리도 물고기를 잡으면 그걸 집으로 가져가는 것처럼 말입니다.

지옥은 마귀의 집이고 천국은 하나님의 집이기에 우리가 처음엔 하나님의 집 연못 안(에덴동산)에 살고 있었는데 마귀가 나타나 선악과를 미끼로 하여 그물로 순식간에 우리를 사로잡았기 때문에 우리가 지옥에 안 갈 수 없는 것입니다. 그물에 갇힌 물고기가 자기 힘으로 벗어나 보려고 애를 써보지만 결국 죽고 마는 것처럼, 우리도 마귀의 사망의 그물에서 벗어날 수 없습니다.

그런데 그 사망의 그물(선악과 사건이 터진 동네=세상)에 갇힌 우리를 구원하러 오신 분이 계십니다. 그분이 바로 '예수'입니다. 구원하신 증거가 있습니다. 그게 바로 '십자가 사건(피)'입니다. 우리의 그 어떤 방법(도덕, 율법, 고행, 선행, 금식기도를 비롯한 엄숙, 경건한 각종 종교행위 등)으로도 안 되는 걸 그분께서 십자가 사건을 통해 해결해 주셨기에 예수가 우리의 구세주(구원의 하나님=메시아=그리스도)입니다.

사망의 그물에서 벗어나려면 예수가 그리스도이심을 믿고 영접하면 된다는 것이 하나님께서 우리에게 하신 새 언약(믿음의 법=복음)입니다. 우리가 사랑하는 사람과 사랑의 언약을 하는 것처럼 하나님께서 사랑하는 우리들에게 사랑의 언약을 주셨습니다. 이 사랑의 언약(복음)을 믿고 받아들이면 마귀의 사망의 그물(죄와 죽음 문제를 비롯한 인생의 모든 문제)에서 벗어나 그 어떤 문제에도 매임없이 자유하게 살 수 있습니다. 지금부터 영원히 하나님의 품(나라=천국)에서 하나님과 사랑에 빠져 살 수 있습니다. 이 사랑이 최고의 사랑이며, 이 사랑에 빠져 사는 자가 최고로 행복한 사람입니다.

이 세상에 머무는 동안 이런 사람끼리 짝을 지어 살면 선악과 사건이 터지기 전의 에덴동산의 아담과 하와처럼 정말 사랑하며 살게 됩니다. 그리고 하나님의 뜻(세계 복음화)을 이루어드리는 멋진 부부가 됩니다. 예수가 그리스도라는 것을 믿고 받아들여 그리스도인이 됐다면 사망의 그물에서 벗어난 사람이며, 부부라면 그런 부부입니다.

우리의 속사람(영혼)은 사망의 그물에서 벗어났어도 아담 안에서 태어난 몸이 썩어지지 않아서 이 세상에 발을 딛고 있는 관계로 세상에 발을 딛고 있는 그런 자기를 보고, 그런 자기 처지(문제)를 보고 속기 쉬우니… 그리고 마귀에게 속기 쉬우니 늘 "예수가 그리스도라는 것을 믿으라"는 말씀에 순종하셔서 사망의 그물에서 벗어난 사람답게 그 어디서나 하늘나라를 누리고, 또한 이웃에 이런 영적인 내용을 전해주어 그들도 사망의 그물에서 벗어날 수 있게 도와주시기 바랍니다. 샬롬!

39

내가 죽어야 한다

내가 죽어야 합니다.

내가 죽어야 문제도 없어집니다. 내가 죽어야 죄 문제를 비롯한 이런저런 인생의 모든 문제가 문제가 되지 않기에 하는 말입니다. 그런데 내가 어떻게 죽을 수 있단 말입니까? 사람들이 죄 문제뿐만 아니라 이런저런 인생의 문제들에게 시달리다가 괴로워서 자살하기도 하는데 그런다고 나도 그래야 될까요? 살자니 괴롭고, 죽자니 두렵고…. 죽으면 세상에서의 삶은 끝나지만 다음 세상(지옥 형벌)이 기다리고 있으니 죽을 수도, 살 수도 없는 이런 기가 막힌 삶을 운명이라고 여기며 살고 있습니다.

그런데 죽는 방법이 있습니다.

죽는 정도가 아니라 죽었다가 다시 사는 방법이 있습니다. 예수가 그리스도라는 것을 제대로 알고, 믿고 영접하면 됩니다. 예수가 그리스도라는 말은 예수님께서 2000여 년 전에 십자가에서 죽으실 때 아담 안에서 태어난 옛사람인 나를 끌어안고 죽으시고,

또한 사흘 만에 다시 사셨을 때 이번에는 예수 안에서 나를 다시 태어(거듭)나게 해주신 분이라는 말입니다. 나는 그 어떤 방법으로도 그렇게 죽었다가 다시 살 수 없는데 예수님께서 그렇게 해주셨기에 그분이 나의 그리스도(메시아=구세주=구원의 하나님)인 것입니다.

예수가 이런 엄청난 분(구세주=메시아=그리스도)이라는 것을 믿고 영접하면 내가 죽었다가 다시 살게 된다는 것이 하나님의 약속이니까 그 약속의 말씀(새 언약=복음)에 순종하기만 하면 됩니다. 그러니까 말과 뜻과 행실을 깨끗하고 착하게 해서 되는 게 아니라, 도덕이나 율법이나 고행이나 종교행위를 비롯한 그 어떤 행위(외적 행위)를 해서 되는 게 아니라, 예수가 그리스도라는 것을 믿고 영접하라는 말씀에 순종(내적 행위)하기만 하면 됩니다. 순종은 그 어떤 행위를 하는 것보다 낫습니다(삼상 15:22).

그리하면 아담 안에서 태어난 옛 나(자기)는 죽고, 예수 안에서 새로 태어난, 거듭난 내(새 사람, 고후 5:17)가 되므로 인생의 모든 문제에서도 해방된 참 자유인이 됩니다. 죄 문제를 비롯한 이런저런 인생의 모든 문제에서 해방되어 자유케 돼버렸고, 천국을 비롯한 하나님의 모든 것을 이미 소유해버린… 이미 그리스도라는 방주 안에… 이미 임마누엘 동산에 들어와 버렸는데 뭐가 문제될 것이 있겠으며, 뭐가 부족하겠습니까? 다 해결되고, 다 받은 상태인데… 그러니까 그냥 "예수 믿는다"고 교회만 열심히 다녀서 되는게 아니라 예수가 이렇게 해주신 구세주, 즉 그리스도라는 것을 제대로 알고, 알았으면 믿고 영접하라는 말씀에 순종해야 합니다.

순종하면 이렇게 되어 있는 자기 자신이 보입니다. 자기 영혼이 그렇게 되어 있음을 압니다. 영적으로 그렇게 되어 있음을 알기에 자유와 평안을 실제로 누리는 것입니다. 이렇게 된 것이 하나님의 선물입니다(엡 2:8). 이 선물은 진리에 속한 자만이 받게 되는 특별 선물(특별은총)입니다. 이 선물보다 더 엄청난 선물은 있을 수 없습니다. 그러니까 예수를 믿어도 제대로 알고, 제대로 믿고, 제대로 영접해야 합니다.

영접한 후에도 아직 우리 몸이 썩지 않아서 이 세상에 발을 딛고 있기에 늘 "예수가 그리스도라는 것을 믿으라"는 말씀에 순종해야 합니다. 순종하지 않으면 아담 안에서 태어난 옛사람인 자기 자신이 바라보이게 되고(몸이 죽지 않은 상태니까), 자기 처지가, 즉 아담의 저주(죄와 마귀와 죽음문제를 비롯한 인생의 모든 문제, 그리고 지옥 문제까지)가 자기 문제로 보이게 되기에… 그렇게 되면 염려하고 속상해하며, 원망, 불평, 신경질, 짜증을 내게 되고… 그러다 보면 더 빨리 정신적으로나 육신적으로 지치고 병들게 됩니다.

그러니까 예수가 누구신지를 제대로 알고 믿는 믿음의 행위(내적 행위=순종)가 너무나도 중요한 것입니다. 그리하면 앞에서도 말했듯이 자기가 죽게 됩니다. 죽게 되기만 하는 것이 아니라 다시 살게 됩니다. 아담 안에서 태어난 자기가 죽음으로 인해 아담이 가진 저주도 다 죽게(해결) 되기에 문제들도 문제들로 여겨지지 않게 됩니다. 그래서 인생의 모든 문제에서 해방됐다고 말하는 것입니다. 그래서 인생의 모든 문제에서 자유하다고, 평안하다고 말하는 것입니다.

지금의 이 육신은 썩어 없어질 순간을 기다리고 있을 뿐이지 죽는 게 아닙니다. 우리는 이미 사망에서 생명으로 옮겨졌고(요 5:24), 그러기에 지금부터 영원히 영생의 존재요(요 3:16), 천국 백성입니다(빌 3:20). 이런 내용을 알아버렸기에 육신이 썩어 없어질 그 순간까지 땅(세상)의 일을 하는 것이 아니라 우리에게 주어진 시간, 물질, 몸까지 사람 살리는 일에 사용하게 되는 것입니다. 즉 천국 일(하나님의 일=예수가 그리스도라는 것을 전하는 일)을 하게 되는 것입니다.

내가 죽지 않고 죽을 수 있는 방법, 또한 다시 사는 방법은 "예수가 그리스도라는 것을 믿고 영접하라"는 말씀에 순종하는 길밖에 없고, 영접한 후에도 늘 "예수가 그리스도라는 것을 믿으라"는 말씀에 순종하는 길밖에 없습니다. 샬롬!

40

이신득의(以信得義)

베드로와 바울!

베드로는 그리스도이신 예수님과 3년간 합숙했던 제자요, 바울은 원래 율법주의자로서 예수와는 상관없는 자였고 오히려 예수가 그리스도라는 것을 믿는 자들을 잡아 가두고 죽이는 사람이었습니다. 그런데 베드로보다 늦게 예수가 그리스도라는 것을 알게 된 바울이 베드로에게 훈계하는 얘기가 갈라디아서 2장 11-14절에 기록되어 있습니다.

이 내용을 통해 베드로뿐만 아니라 그 누구라도 "예수가 그리스도라는 것을 믿으라"는 말씀(복음)에 불순종하면 문제 앞에 걸려 넘어진다는 사실과 또한 "예수가 그리스도라는 것을 믿으라"는 말씀에 순종하면 바울처럼 자기보다 먼저 그리스도인이 된 베드로까지도 가르칠 수 있는 사람(참 선생)이 된다는 것을 알 수 있습니다. 그러기에 복음을 제대로 알아야 하고, 알았으면 그 복음에 순종해야 합니다.

바울이 하나님으로부터 의로운 사람이라고 인정받고 싶어서 율법대로 살아보려고 몸부림을 쳤으나 그렇게 살아지지 않는 자기 자신(죄를 짓고 마는 자기 자신)을 바라보며 탄식하고 있을 때 하나님께서 그 죄(율법) 문제의 답이 '예수'라는 것을… 죄 문제를 해결하기 위해, 율법에 마침표를 찍기 위해 예수께서 피를 흘리셨다는 것을… 그게 예수님의 십자가 사건(피)이라는 것을… 그러기에 예수가 구세주(메시아=그리스도)라는 것을 가르쳐 주셨던 것입니다.

그래서 사람이 의롭게 되는 것은 율법이 아니라 "예수가 그리스도라는 것을 믿으라"는 말씀에 순종해야 죄(선악과 사건이라는 오리지널 죄와 율법대로 살지 못한 모든 죄)에서 해방된다고, 즉 하나님으로부터 의롭다고 인정받게 된다고 한 것입니다. 이것을 '이신득의(以信得義)'라고 합니다. 죄(율법) 문제 때문에 깊은 고민에 빠져 봤던 바울이기에… 그 죄 문제 때문에 미치고 환장할 것 같은 상태에서 탄식하다가 답을 찾은 바울이기에… 죄에 대해, 그리고 그 죄 문제의 답이 '예수'라는 것을 로마서 7장 15절에서부터 8장 39절까지 세밀하게 기록해 놓은 것입니다.

로마서 7장 15절부터 읽어보시기 바랍니다.

거기에 보면 사람이 죄를 짓기 때문에 죄인이 아니라 이미 사람 속에 죄가 담겨 있기에 '죄인'이라는 것을… 선악과 사건 때 사람 속에 담긴 그 죄가 때에 따라 분출되고 있다는 것을… 그러기에 아무리 죄를 안 짓고 싶어도, 아무리 도덕대로 율법대로 살고 싶어도 그렇게 살아지지 않는다는 것을… 그러기에 죄 문제는 인간의 힘으로는 절대 해결할 수 없다는 것을(인간은 죄와 싸워서 이길 수 없다는 것을)… 그래서 그 죄 문제 때문에 괴로워 미치고 환장하다가 죽어 지옥으로 갈 수밖에 없는 불쌍한 존재라는 것을… 이런 나(우리)를 누가 구원해 줄 수 있단 말인가? 라고 탄식할 수밖에 없다는 것을….

그런데 그 죄 문제를 해결하신 분이 '예수'라는 것과 그 예수님께서 죄 문제를 해결하신 증거가 십자가 사건(피)이라는 것을… 그래서 예수가 그리스도(죄에서 우리를 구원하신 하나님=구세주)라는 것을… 그래서 예수가 그리스도라는 것을 믿으면 구원받게 된다는 믿음의 법(롬 3:27, 생명의 성령의 법, 롬 8:2)을 주셨다는 것을… 그것이 새로운 법(신약=복음)이라는 것을… 그 법을 지키면 의인(하나님으로부터 의롭다함을 받은 사람)이 된다는 것을… 그 법을 지키는 방법이 "예수가 그리스도라는 것을 믿으라"는 말씀(믿음의 법)에 순종(내적 행위)하는 것임을… 순종했더니 죄에서 구원(해방)되는, 의인이 되는 놀라운 하나님의 역사가 일어나더라는 것을 너무나도 쉽게 우리들에게 전해주었습니다.

나(우리)도 "예수가 그리스도라는 것을 믿으라"는 말씀에 순종했더니 이렇게 죄에서, 율법에서 해방되어 자유케 되었습니다(롬 6:7, 22, 7:6). 하나님으로부터 의롭다고 인정을 받았는데 누가 이런 나(우리)를 죄인이라고 몰아붙일 수 있겠습니까. 마귀를 비롯한 그에 속한 인간들이 그런 나(우리)를 향해 죄인이라고 몰아붙여도 결코 나(우리)는 죄인이 될 수 없는 것입니다(롬 8:1).

믿음의 법, 생명의 성령의 법이 죄와 사망의 법에 걸린 나(우리)를 해방시켰는데(롬 3:27, 8:2)… 창세 전에 나(우리)를 미리 선택하셔서 이 시대에 불러내시고, 의롭다 하시고, 영화롭게까지 하신 분이 하나님이신데 누가 감히 그런 나(우리)를 죄인이라고 일러바칠 수 있겠습니까(롬 8:30-39). 그 누구라도 우리를 하나님의 사랑에서 끊을 수 없는 것입니다(롬 8:39). 우리는 참 자유인입니다(요 8:32, 고전 9:1). 우리가 누리는 이 엄청난 자유는 우리가 36년 동안 일본(천황)에게 종살이를 하다가 미국에 의해 해방되어 자유케 된 것보다 더 엄청난 자유이기에 이것을 '참 자유'라고 합니다.

이 시대에 사는 우리는 애굽도 아니고, 일본도 아닌 이 거대한 세상(선악과 사건이 터진 동네)에서, 마귀에게서 해방되었습니다. 선악과 사건 때부터 지금까지 죄와 마귀와 이런저런 문제들의 종살이를 하고 있었는데 예수님에 의해 그런 것들에서 해방되어 자유케 되었습니다. 이 참 자유를 누리지 못하는 사람은 사는 동안도 죄문제 때문에 자기 자신을 책망하게 되고, 괴로워하다가 죽어 지옥으로 가서 형벌을 받게 됩니다.

그러기에 말씀(복음)을 제대로 들어야 합니다. 그래야 '죄는 죄고 나는 나다(죄에서 해방된 내가 진짜 나다=아담 안에서 태어난 옛 나는 죽었고 예수 안에서 새 사람으로 거듭난 내가 진짜 나다)'는 결론도 얻게 되고… 또한 그 죄에서 자유케 될 수 있는 방법은 말과 뜻과 행실을 깨끗하고 착하게 해서 되는 것도 아니고, 공자나 석가처럼 살아야 되는 것도 아니고, 오직 "예수가 그리스도라는 것을 믿으라"는 말씀에 순종하는 방법밖에 없다는 것(결론)을 얻게 되고… 그래서 순종함으로 진짜 자유한 자기 자신(영혼)을 바라보게 되는 것입니다.

이렇게 죄에서 자유케 된 자들이 천국으로 갑니다. 천국은 죄에서 자유케 된 자들이 영생 복락을 누리는 곳입니다. 지금부터 영원히 임마누엘을 누리게 됩니다. 이것이 복중의 최고의 복입니다. 이 복을 누리는 사람이 최고로 행복한 사람입니다. 베드로가 그때 삶의 현장에서 이렇게 그리스도를 제대로 누리고 있었으면 그런 모습을 보이지 않았을 것이고, 그렇다면 바울에게 훈계받지도 않았을 것입니다(갈 2:11-14).

바울이 '이신득의'를 강하게 외쳤더니 성경을 들고 하나님을 섬겼던 자들이 바울을 이단으로 몰아붙여 출교시키고, 욕하고 죽이기까지 했습니다. 지금도 예수가 그리스도라는 것을 전하면 세상 사람들보다 교인들이 그런 우리를 더 욕하고 이단이라고 정죄하는 것을 볼 수 있습니다. 예수가 그리스도라는 것을 모르는 사람들은 그때나 지금이나 똑같음을 볼 수 있습니다.

의인(그리스도인)은 믿음으로 사는 사람입니다. 의인은 그런 인간들이 뭐라 하든 그런 것과 상관없는, 그런 것에서도 졸업한 졸업생이라는 것을 믿는 믿음으로 사는 사람입니다. 의인(그리스도인)은 늘 믿음으로 사는 사람입니다. 즉 의인은 죄와 마귀와 죽음문제를 비롯한 인생의 모든 문제에서 해방돼버린 참 자유인이요, 영생은 물론 천국을 비롯한 하나님의 모든 것을 소유한 천국 백성이요,

말로만 들었던 하나님을 다시 만난 사람이기에(임마누엘인=그리스도
인) 더 이상 문제 될 것도 없고, 더 이상 부족함도 없는 사람이 돼
버렸다는 것을 늘 믿는 믿음으로 사는 사람입니다.

의인은 이미 죄에 대해 죽은 자요, 아담 안에서 태어난 자기는
이미 죽었고, 지금은 예수 안에서 거듭난 새 사람(그리스도인=더 이
상 문제 될 것도 없고, 더 이상 부족함이 없는 사람)이라는 사실을 믿는 믿음
으로 사는 사람입니다. 이런 사람은 세상이 감당치 못합니다(히
11:38). 마귀를 비롯한 그런 모든 것들을 밟고 나가게 됩니다. 그래
서 사도 바울도 그렇게 멋지게 살다가 간 것입니다. 이 정도의 사
람이 돼야 베드로 같은 사람까지도 책망(가르침)할 수 있는 것입니
다. "예수가 그리스도라는 것을 믿으라"는 말씀에 늘 순종하여 늘
그 어디서나 하늘나라를 누리고 전하여 상급도 많이 받기를 바랍
니다.

영적 체질을
개선하라!

-3부-

41

도사가 되는 방법

　자기 마음속에 예수가 그리스도(죄 문제를 비롯한 인생의 모든 문제를 해결해 주신 구원의 하나님=구세주=메시아=문제들마다의 답)라는 것 이외의 것들이 자리 잡지 못하도록 항상 자기 마음을 점검해보고 지켜야 합니다(잠 4:23). 예수가 그리스도라는 것을 믿는 믿음으로 살고 있는지 항상 점검해야 합니다(고후 13:5). 예수가 그리스도라는 것을 믿는다고 하지만 삶의 현장에서 순간순간 놓칠 때가 있기 때문입니다. 마음속에서 답을 놓치게 되면 답 외의 것들이 자리 잡게 되기에 말입니다.

　그렇게 되면 머리가, 마음이 복잡해지기 시작합니다.
　어느새 이 생각, 저 생각이 마음속에서 춤을 추게 됩니다. 마음속에 전쟁이 일어납니다. 그러기에 평안하지 못하고 불안합니다. 답을 놓치게 되므로 이미 다 해결된 문제가 문제로 보이기 시작하고, 그러므로 염려가 작동되고 속이 상하게 되고… 그러다 보면 원망, 불평, 신경질, 짜증이 나게 되고… 아이쿠, 내 신세여! 아이쿠, 내 팔자여! 라고 신세타령(노래), 팔자타령을 하게 됩니다. 그게 마귀가 작곡해준 노래인데 그런 줄도 모르고 계속 부르게 됩니다.

처음(에덴동산에서)부터 마귀는 인간을 선악과 사건(죄, 창 3:-16)에 빠지게 하여 죽음문제를 비롯한 인생의 모든 문제를 만나게 한 장본인인데… 아이쿠, 내 팔자여! 라며 원망, 불평, 신경질, 짜증나는 노래를 부를 수밖에 없게 한 놈이 마귀인데… 그런 노래, 세상 노래만 부르다가 지옥으로 갈 수밖에 없게 한 놈이 마귀인데… 그러나 그런 우리를 구원해 주신 분이 예수님인데… 구원해 주신 증거가 예수님께서 당하신 십자가 사건(피)인데… 그러기에 예수가 우리의 구세주(메시아=그리스도=죄와 죽음문제를 비롯한 인생의 모든 문제의 답)라는 것을 안 믿을 수 없는 것입니다.

예수가 그리스도라는 것을 믿는 '믿음'으로 살기만 하면 되는데… 그리하면 그 어디서나 참 평안을, 하늘나라를 누리게 되는데(찬 438장)… 그러기에 영혼 깊숙한 곳에서 맑은 가락이 솟아오르게 되는데(찬 412장)… 늘 그렇게 살아야 하는데 그렇게 살지 못하는 사람들이 많습니다. 이유가 뭘까요?

아직도 여자의 후손(메시아=그리스도=예수)이 세상에 오시지 않았다면 그럴 수 있다고 하겠지만 이미 2000여 년 전에 그분이 오셨고, 또한 그 엄청난 십자가 사건(피)을 당하기까지 하셨는데… 그렇게 확실한 증거를 우리들에게 보여 주기까지 하시면서 믿으라고 하시는데 안 믿고 있기에… 믿는다고 하면서도 놓치고 있기에… 한마디로 "예수가 그리스도라는 것을 믿으라"는 말씀에 순종하지 않고 있기에 그런 것입니다.

그러니까 예수가 그리스도라는 것을 알기만 해서도 안 되고, 알았으면 그 말씀에 순종하는 것이 너무너무 중요합니다. 이것은 마음속으로 하는 행위(일)이기에 내적 행위라고 합니다. 마음 가운데(중심)서 늘 그렇게 내적 행위가 되고 있다면 마귀가 들어올 시간이 없습니다. 그러기에 머리(마음, 생각)가 복잡해지지도 않으며, 그 어떤 문제도 문제로 안 보이기에 염려치 않게 되고 속상하지 않게 되고… 원망, 불평, 신경질, 짜증도 나지 않게 되고 대인관계도 좋아집니다.

사람을, 세상을 보면서 허허허!~ 하고 웃으며 넉넉한 마음으로 바라보며 살게 됩니다. 세상 말로 도사처럼 살게 됩니다. 진짜 참 도사로 살게 됩니다. 도사는 도사인데 '전도사'입니다. 이런 엄청난 복을 누리고 전하는 사람이기에 말입니다. 전도사는 그 엄청난 죄 문제를 비롯한 인생의 모든 문제가 어떻게 생겨났으며, 그 엄청난 문제들의 답이 무엇인지를 알고 또한 전해주는 참으로 엄청난 사람(왕 같은 제사장이요, 선지자)입니다.

전도사인 우리는 다윗처럼 "예수가 나의 그리스도이시니 내게 문제될 것도, 부족함도 없나이다… 내 잔이 넘치나이다"(시 23:1-6)라고… 또한 하박국 선지자처럼 쌀독에 쌀이 없어도, 지갑에 돈이 없어도, 포도나무에 열매가 없어도, 외양간에 송아지가 없어도, 세상이 뒤집어지거나 폭발한다 해도 그런 것과 상관없이 그런 모든 것에서 우리(나)를 구원해 주신, 자유케 해주신 구원의 하나님을 노래하는 사람입니다(사 43:21, 히 13:15).

하나님께서는 그 엄청난 십자가 사건(피)을 통해 우리를 그런 사람으로 거듭나게 하셨는데 우리가 그런 존재라는 것을 잊어버리고 살아서야 되겠습니까. 그런 존재라는 것을 절대로 잊어서는 안 됩니다. 절대 잊지 말라고 늘 예수가 그리스도(그렇게 엄청난 복을 누리며 노래할 수 있게 해주신 구원의 하나님=구세주=메시아)라는 것을 믿으라는 말씀(복음)에 순종하라고 한 것입니다.

순종이 하나님 앞에 우리가 할 수 있는 최고로 아름다운 행위이고, 그 행위 속에 하나님의 응답, 역사가 일어난다는 것을 아시고 복음에 순종하여 하나님의 역사를 체험해보시기 바랍니다(찬 449장). 샬롬!

42

너! 죄에 대해 죽었는가?

너! 죄에 대해 죽었는가? 그런데 왜 죄 문제 때문에 염려하고 괴로워하는가?

너! 죄 문제뿐만 아니라 인생의 문제에 대해 죽었는가? 그런데 왜 죄 문제를 비롯한 이런저런 문제 앞에 염려하며 속상해하며 스트레스 받으며 원망, 불평, 신경질, 짜증을 내는가? "짜증을 내어서 무엇하나~ ♬"라는 노래를 부르면서 왜 짜증을 내는가?

너! 세상에 대해 죽었는가? 그런데 왜 세상일을 하며 또한 세상일에 염려하고 괴로워하는가? 그럴 수밖에 없는 이유는 예수를 믿는다고 하면서도 예수가 그리스도라는 것을 제대로 모르거나 안 믿어서 그런 것입니다.

한 마디로 "예수가 그리스도라는 것을 믿으라"는 말씀에 불순종해서 그런 것입니다. 불순종하는 자에게는 하나님의 역사(인생의 모든 문제에서 해방되어 참 자유인이 되는 것과 하나님을 다시 만나 하나님의 모든 것을 소유한 천국 백성이 되는 놀라운 일)가 일어나지 않습니다. 그러나 순종하면 그와 같은 일이 일어납니다. 자기 영혼에 그런 놀라운 일이 일어난 것을 자기가 압니다. 그러기에 예수가 그리스도라는 말이 무슨 말인지를 제대로 알아야 하고, 알고 난 후에는 믿으라는 말씀에 순종해야 합니다.

예수가 그리스도라는 말은 예수께서 선악과 사건(죄 문제를 비롯한 인생의 모든 문제)에 빠진 나를 십자가 사건(피=죄 문제를 비롯한 인생의 모든 문제의 답)을 통해 건져내 주신 구원의 하나님(구세주=메시아)이라는 말입니다. 나는 원래 아담 안에서, 즉 선악과 사건이 터진 동네(세상)에서 태어났습니다. 그러기에 죄 문제뿐만 아니라 인생의 모든 문제(저주=십자가)를 짊어지고 태어나 있는 상태입니다. 이런 운명을 가진 나이기에 어쩔 수 없이 운명의 시간표에 따라 이런저런 문제를 만날 수밖에 없고, 그로 인해 반복되는 염려의 삶, 속상한 삶을 살 수밖에 없으며, 그러기에 원망, 불평, 신경질, 짜증나는 삶을 살다가 죽어 끝내 지옥으로 갈 수밖에 없습니다.

그런데 이런 나와, 이런 나의 운명의 시간표를 죽인(해결한, 끝낸) 사건이 있습니다. 그게 바로 십자가 사건(피)입니다. 예수님께서 십자가 사건을 통해 아담 안에서 태어난 나를 죽였습니다. 그러기에 아담이 가진 저주(죄와 죽음문제를 비롯한 인생의 모든 문제)도 한꺼번에 죽었(끝남)습니다. 그리고 예수 안에서 다시 살았습니다. 언제 그렇게 되었을까요? 예수님의 부활 사건 때입니다. 그러니까 나는 예수님의 십자가 사건 때 죽었다가 예수님의 부활 사건 때 다시 산 새 사람입니다(고후 5:17).

그러기에 이전 것(아담 안에서 태어난 나와 아담의 저주=인생의 모든 문제)은 지나가고 지금은 예수 안에서 새 생명을 가지고 새 생활(그 어디서나 하늘나라를 누리며 복음을 전하는 전도자의 삶=나에게 주어진 시간, 물질, 몸을 통해 사람을 낚는 어부의 삶)을 하는 새사람입니다. 이것이 현재의 나요, 나의 생활입니다. 그러기에 죄 문제뿐만 아니라 세상의, 인생의 그 어떤 문제를 만나도 염려하지 않고 오히려 문제를 문제로 보고 염려하고 사는 사람들에게 이런 엄청난 복을 누리고 사는 방법을 가르쳐주는 복음의 스승으로 살게 된 것입니다(딤전 2:7).

이렇게 멋지고 복된 삶을 사는 방법은 도덕이나 율법이나 그 어떤 종교행위(외적 행위)로 되는 것이 아니라(롬 3:27) 예수님께서 십자가 사건(피)을 통해 다 이루어 주신(요 19:30), 다 해결해 주신 것을 믿으면 된다는, 즉 "예수가 그리스도라는 것을 믿으면 된다"는 말씀(믿음의 법=새 언약=복음)에 순종하면 됩니다. 순종은 마음으로 하는 내적 행위(믿음의 행위)이지만 이 행위(일)를 하나님께서는 최고의 행위(일)로 여겨주십니다. 그래서 이 일을 먼저 하라고 하셨습니다(요 6:29, 마 6:33). 이 일(행위)을 해야 하나님의 엄청난 복을 누리게 되고 멋진 삶을 살게 되는데 사람들이 이 일을 우습게 여기거나, 이 일이 일이라는 것을 모르는 사람들도 많습니다.

그러기에 자꾸만 율법의 행함이 없으면 구원받지 못한다며 외적 행위(율법의 행함)를 강조하는 것입니다. 예수가 그리스도라는 것을 믿는 믿음의 행위(순종=내적 행위)를 하면 되는데 사람들이 이 걸 제대로 안 하고 그냥 예수 믿는다며 교회 생활만 열심히 합니다. 그러기에 하나님께서 주신 그 엄청난 복을 누리지 못하는 것입니다. 그래서 아직도 문제가 문제로 보이고, 부족함을 느끼게 되는 것입니다. 아직도 문제가 문제로 보인다면, 아직도 부족하다는 생각이라면, 그래서 염려하고 속상해하고, 원망, 불평, 신경질, 짜증나는 지옥 같은 삶을 살고 있다면 그건 예수가 죄 문제를 비롯한 인생의 모든 문제의 답(그리스도)이라는 것을 모르거나, 알았다면 그것을 믿으라는 말씀에 순종하지 않아서 그런 것입니다.

예수가 문제들마다의 답(그리스도)이라는 말씀에 불순종해서 그런 것입니다. 그러니까 다른 것은 못 해도 예수가 그리스도(죄와 죽음문제를 비롯한 인생의 모든 문제의 답)라는 말씀에는 순종해야 합니다. 그래야 죄에 대해 죽은 자가 되고, 인생의 모든 문제에 대해 죽은 자가 되며, 또한 하나님에 대하여 산자로서의 행복한 삶(그 어디서나 하늘나라를 누리며 복음을 전하는 전도자의 삶)을 살게 됩니다.

43

물이 들었다

'물이 들었다'는 말이 있습니다. 학교를 잘 다니던 학생이 나쁜 친구들과 함께 어울리더니 학교도 안 가고, 공부도 제대로 안 하고 PC방에만 처박혀 있고, 그 친구들과 함께 남의 오토바이를 훔쳐 타고 다니다가 경찰에게 붙잡혀 감옥에 가는 것을 보면서 사람들이 말하기를 "저 학생이 원래 그런 학생이 아닌데 나쁜 친구들과 어울리더니 물이 들어서 그렇게 되었다"고 말합니다. 나쁜 친구들과 함께하더니 어느새 나쁜 친구들의 물이 든 것입니다.

영적으로도 그리스도의 비밀을 모르는 사람들과의 만남은 그게 아무리 보암직하고, 먹음직하고, 지혜롭게 할 만큼 탐스럽기까지 해도 죽는 만남입니다. 실패의 만남입니다. 나중에 그들과 같이 지옥까지 가게 되는 만남입니다. 그러나 그리스도의 비밀을 아는 사람과의 만남은 살아도 영원히 사는 만남입니다. 성공의 만남입니다. 천국까지 가게 되는 만남입니다. 정말 축복의 만남입니다.

그래서 예수가 그리스도(십자가 사건을 통해 죄와 마귀와 죽음문제를 비롯한 인생의 모든 문제를 발생시킨 선악과 사건을 해결하신 구원의 하나님)라는 하나님의 비밀을 아는 사람과의 만남이 중요합니다. 그 만남 속에서 새 생명을 얻게 되는 놀라운 일이 일어나기 때문입니다.

애기를 좀 더 들어보세요. 아담 안에서 태어나는 모든 사람은 선악과 사건(죄)에 빠진 죄인들이기에 하나님(생명의 본체)을 떠난 상태라서 이미 죽은 자들입니다.

그러기에 일단 하나님(생명의 본체)을 다시 만나야 생명을 얻게 됩니다. 이 생명을 새 생명(영생)이라고 합니다. 아담 안에서 태어난 사람이 이 새 생명을 얻게 되는 것을 거듭난 것이라고 합니다.

그러기에 아담 안에서 태어난 사람은 예수 안에서 다시 태어(거듭)나야 되는데 어떻게 해야 그렇게 될 수 있겠습니까. 이걸 모르면 니고데모와 같은 어리석은 질문을 하게 됩니다(요 3:1-5). 거듭나게 되는 방법이 있습니다. 예수가 그리스도(아담 안에서 태어난 우리를 거듭나게 해주신 구원의 하나님)라는 것을 믿으라는 말씀에 순종하면 됩니다. 이렇게 간단합니다. 그러기에 참 쉽습니다.

그리스도의 비밀을 모르는 사람들은 도덕이나 선행이나 고행이나 신비체험이나 그 어떤 종교행위를 통해 구원(거듭남=하나님을 다시 만남)받는다고 말합니다. 그리고 교인들은 율법을 통해 구원받는다고 말합니다. 사람들이 태어나서 그런 사람들과의 만남 속에 그런 것들로 물들어 있습니다. 그런 것들이 에덴동산의 선악과처럼 보암직하고, 먹음직하고, 지혜롭게 할 만큼 탐스럽기때문에 사람들이 잘 속습니다(창 3:1-6). 에덴동산의 선악과가 그랬던 것처럼 지금(선악과 사건이 터진 동네)은 그런 것들이 선악과처럼 좋게 보이기에 잘 속습니다.

그런 것들을 많이 챙겨 들고 사는 사람들은 다른 사람들을 향해 정죄하고 욕하고 비방하고 수군거리기를 좋아합니다. 그리스도의 비밀을 제대로 모르는 교인들도 선악과 사건이 터진 동네의 사상과 율법 사상으로 물들어 있기 때문에 오히려 세상 사람들보다 자기 자신을 더 잘 정죄하고 또한 남을 더 잘 정죄합니다. 그런 교인들은 그리스도의 비밀을 알고 자유를 만끽하고 사는 우리를 가만히 엿보고 있다가 뭔가 율법대로 하지 않는 것이 보이면 이단이라고 공격하며 우리를 다시 죄(율법)의 종이 되게 해서 자유를 누리지 못하게 합니다(갈 2:4).

율법이나 신비나 고행이나 선행이나 공자 사상이나 석가 사상이나 그리스도 이외의 것들이 아무리 보암직하고, 먹음직하고, 지혜롭게 할 만큼 탐스럽게 보일지라도 그건 사람을 살리지 못합니다. 오히려 사람을 더 고생시키고, 더 골병들게 하고, 죽게 만들고, 지옥에 이르게 합니다(롬 7:10). 완전히, 영원히 실패케 합니다. 그러기에 그리스도의 비밀을 아는 사람과 만나 물이 드는 것이 중요합니다. 세상적으로 실수하고 부족해 보여도 그리스도의 비밀을 아는 사람이 진짜 선한 사람입니다. 하나님께서 인정해 주신 선한 사람입니다. 이런 사람과 함께 해야 그리스도로 물들게 됩니다. 이왕 물들거라면 그리스도로 물들어 멋지게 살기 바랍니다. 할렐루야!

44

돋보기

어린 시절 햇빛에 돋보기(볼록렌즈)로 초점을 맞춰 종이를 태우며 놀던 때가 있었습니다. 돋보기를 들고 종이에다 초점을 맞추면 잠시 후 종이가 타는 일이 벌어집니다. 우리도 우리의 인생에 있어서 돋보기로 초점만 잘 맞추면 됩니다. 무슨 말이냐면 우리는 종이요, 예수님은 우리의 참 빛(그리스도)이요, 믿음은 돋보기라는 말입니다. 하나님께서는 우리(종이)에게 예수가 그리스도(참 빛)라는 것만 믿으면(돋보기를 맞추면) 영생을 얻게 된다고 하셨습니다(요 3:16, 20:31).

즉, "예수가 그리스도라는 것을 믿으라"는 말씀에 순종하면 아담 안에서 태어난 첫 사람인 자기와, 그런 자기가 가진 저주(죄, 마귀, 죽음, 지옥 문제를 비롯한 지금 만나고 있는 그 문제를 포함하여 이런저런 인생의 모든 문제=선악과 사건 때부터 자기 등 뒤에 드리워진 십자가)가 종이가 타버리듯 타버리게 되므로 인생의 모든 문제에서 자유하게 되고, 예수 안에서 거듭난 새사람이 되고, 하나님을 다시 만나 천국을 비롯한 하나님의 모든 것을 소유하게 되고 누리게 된다는 말입니다.

그렇다면 우리가 어떻게 해야겠습니까?

"예수가 그리스도라는 것을 믿으라"는 말씀에 순종해야 하지 않겠습니까. 예수가 그리스도라는 것을 믿는 믿음만 가지면 돋보기가 맞춰진 상태가 됩니다. 그러니까 믿음은 참 빛 되신 예수님과 나 사이에 돋보기입니다.

이 믿음이라는 돋보기를 참 빛이신 예수님과 나(영혼) 사이에 100% 잘 맞추면 그 빛의 초점이 내 영혼에 맞춰짐과 동시에 아담 안에서 태어난 첫 사람인 나와, 그런 내가 가진 저주(자기 십자가)가 다 타버리고 예수 안에서 거듭난 새사람이 되고, 그런 저주에서 해방된 참 자유인이 되고, 하나님을 다시 만나 천국을 비롯한 하나님의 모든 것을 누리게 되는 놀라운 역사(하나님의 능력)가 영혼에서 실제로 일어납니다.

그리고 그동안 가진 세상 사상(부모, 공자, 석가, 선생님들의 '이래야 된다, 저래야 된다, ~해라, ~하지 마라' 등의 가르침)이나 교회에서 배운 율법 사상도 다 태워집니다. 세상 것(돈, 명예, 권력 등 배설물)으로 채우려고 했던 마음도 비워지게 됩니다. 다 내려놓아집니다. 돋보기에 맞춰지는 순간 다 태워졌기에 말입니다. 한 마디로 선악과 사건(마귀에 의한 인간의 오리지널 죄, 창 3:1-6)으로 인한 인생의 모든 문제(저주=선악과 사건 때부터 자기 등 뒤에 드리워진 십자가)가 다 타(해결돼)버렸기에 말입니다.

그동안 세상에서 배운 것(사상, 문화)들이나, 교회에서 배운 율법들이 내 안에 가득 채워져 있어서 늘 그런 것들에게 지배당하며 노예 생활(종노릇)을 했었는데, 그것들이 내 안에서 나의 주인 노릇을 하고 있었기에 너무나 힘들고 괴로웠는데, 왜냐면 내가 그것들이 요구하는 대로 살지 못할 때마다 자신을 책망하며, '왜 나는 안 되는 걸까? 왜 그렇게 살고 싶은데 살아지지 않는 걸까?'라며 괴로워하고 미치고 환장할 것 같았는데, '이렇게 미치고 환장하다가 죽을 수밖에 없는 나를 누가 구원해 줄 수 있단 말인가?'라고 탄식하게 되었는데(롬 7:24), 예수가 그리스도라는 것을 믿는 믿음(돋보기)을 가지고 나갔더니(맞췄더니) 그 참 빛에 초점이 맞춰져 그런 것들이 다 타버리므로 이제는 그런 것들과 상관없이 하나님의 자녀가 되어 자유하게 된 것입니다.

하나님께서는 우리들에게 그런 사상에 빠져 그렇게 고생하다가 죽을 수밖에 없는 너를 이미 십자가 사건(피)을 통해 해방시켰으니 그렇게 자책하거나 괴로워하지 말고 자유와 기쁨을 누리라는 것입니다. 그렇습니다. 예수께서 죄 문제(선악과 사건뿐만 아니라, 사는 동안 지었던 죄〈과거〉, 짓는 죄〈현재〉, 지을 죄〈미래〉뿐만 아니라, 마귀와 죽음문제를 비롯한 율법과 세상 사상과 이런저런 인생의 모든 문제)에서 우리를 해방시켜 주셨습니다. 해결해 주신 증거가 있습니다. 그게 십자가 사건입니다. 그러기에 예수가 우리의 구원의 하나님(구세주=메시아), 즉 그리스도입니다. 예수가 그리스도라는 것을 믿는 사람은 죽음 문제에서도 자유한 자들인데 무슨 문제이겠습니까?

그 어떤 문제도 문제가 될 수 없습니다. 이미 하나님을 다시 만나 천국을 비롯한 하나님의 모든 것을 다 소유하게 되었으니 더 이상 부족함도 없는 것입니다(골 2:2-3). 그러기에 그 어디서나 하늘나라(천국)를 누리게 된 것입니다(찬 438장).

우리는 하나님의 자녀요(요 1:12), 왕 같은 제사장입니다(벧전 2:9). 그리스도와 한 몸 되어있는 상태입니다. 믿음이란 돋보기를 참 빛이신 예수께 맞추기만 하면 이런 엄청난 복을, 이런 엄청난 하나님의 역사를 실제로 누리게 됩니다. 이 '도(道)'를 깨달았다면 오늘 죽어도 괜찮습니다. 이미 그리스도 안에 들어와 있기 때문입니다. 삶의 현장에서도 그 돋보기(믿음)를 참 빛(예수)에 늘 고정시켜 놓고 사시기 바랍니다.

그것이 우리가 해야 할 일(순종) 입니다(요 6:29). 그것이 순종입니다. 그렇게 하기위해 예수가 그리스도라는 것을 믿으라는 말씀에 늘 순종하라고 한 것입니다. 우리가 도덕이나 율법이나, 말과 뜻과 행실을 깨끗하고 착하게 해서, 금식기도, 철야기도, 또는 몸을 하나님께 제물로 바쳐서 그런 엄청난 복을 누리게 된 것이 아니라 그 돋보기(믿음)를 참 빛(예수)에 잘 맞췄기 때문입니다.

그렇게 했더니 더 이상 문제 될 것도 없고, 더 이상 부족함도 없는 임마누엘 동산 사람으로의 삶을 살게 된 것입니다. 그야말로 그 어디서나 하늘나라를 누리게 되어서 이 세상에서의 주어진 시간, 물질, 몸까지도 사람 살리는 일(사람 낚는 어부의 삶=왕 같은 제사장의 삶)에 쓰게 되는 멋진 사람이 된 것입니다. 그런 멋진 삶이 되도록 그 어디서나 그 돋보기(믿음)를 참 빛(예수)에 늘 고정시켜 놓고 사시기 바랍니다. 샬롬!

45

임이 없어지면 지옥이다

"돈에 목숨을 걸었던 사람은 돈이 없어지면 그게 지옥이고, 사랑에 목숨을 걸었던 사람은 임이 없어지면 그게 지옥이다."

SBS 드라마 '찬란한 유산'에서 탤런트 반효정 씨가 한 말입니다. 사랑에 목숨을 건 사람은 임이 없어지면 그게 지옥이라는 말, 물론 육적인 말입니다만 영적으로 생각해보면 우리가 님(하나님)과 헤어졌으니 그게 지옥입니다.

사랑의 본체, 사랑의 본질인 하나님, 그 사랑하는 임과 헤어짐으로 살아 있으나 마음이 지옥입니다. 이 지옥 같은 삶이 정말 지옥으로 연결될 것을 생각하니 참으로 끔찍합니다. 이렇게 된 것은 선악과 사건(마귀에 의한 인간의 오리지널 죄, 창 3:1-6) 때문입니다. 마귀가 우리를 속여서 기어이 선악과를 먹게 만든 후 사랑하는 임(하나님)과 헤어지게 했습니다. 사랑의 본체(본질)이신 하나님과 헤어지므로 늘 사랑의 본질을 사모하며 살다가 그 본질을 만나지 못하므로 세상일이나, 돈이나, 명예나, 권력을 통해 맛보려고 합니다.

또한 남자는 여자에게, 여자는 남자에게 사랑받기를 원합니다만, 살다 보면 그런 사랑은 사랑의 본질이 아니라서 오히려 상처를 남기기도 합니다. 그런 사랑 때문에 가슴 아파하며 울기도 합니다. 그래서 오래전의 노래인데 기억이 나서 적어봤습니다.

"사랑이 무어냐고 물으신다면 눈물의 씨앗이라고 말하겠어요.
어느 날 당신이 나를 떠나진 않겠지요.
서로가 헤어지면 모두가 괴로워서 울 테니까요"

세상에서, 세상의 그 어떤 것을 사랑해 봐도, 사랑을 받기를 원해도 그런 사랑은 사랑의 본질(하나님)이 아니라서 노랫말처럼 눈물의 씨앗이 되고 마는 것이며, 서로가 괴로운 것입니다. 이 생명 다 바쳐 사랑한다는 말을 듣고 결혼까지 해서 살지만, 목숨 바쳐 사랑한다던 다짐은 온데간데없이 사라지고 티격태격 싸우다가 상처를 받아 눈물을 흘릴 수밖에 없으니 사랑은 눈물의 씨앗일 수밖에 없는 것입니다.

그러기에 그런 세상적인 것들에게나, 세상적인 임의 사랑에 너무 기대지 마십시오. 하늘에 계신 임(하나님)의 사랑을 받으시기 바랍니다. 그분께서는 죄인인 우리를 위해 정말 목숨 바쳐(십자가 사건) 사랑하셨습니다(롬 5:8, 요일 4:10). 이 사랑이 진짜 사랑입니다. 사랑의 본질입니다. 이 사랑은 세상에서 사랑하다가 상처받은 것까지 치유시켜 주는 온전한 사랑입니다. 선악과 사건으로 인해 헤어졌던 임(하나님)을 십자가 사건을 통해 다시 만나게 해주신 분이 '예수'입니다.

우리 힘으로는 도저히 선악과 사건(죄)을 해결할 수 없는데 예수께서 십자가 사건(피)을 통해 해결해 주셨으니 그분이 우리의 구세주(메시아=그리스도)가 아니고 무엇이겠습니까? 임(하나님)을 만나 천국 같은 삶을 살다가 진짜 천국으로 가게 되는, 그리고 지금부터 영원히 그 사랑의 본질인 하나님과 함께하며, 하나님의 모든 것을 누리고 살 수 있는 방법이 있습니다. 예수가 그렇게 해주신 구원의 하나님(구세주=메시아=그리스도)이라는 것을 믿고 영접하시면 됩니다. 이 말씀에 순종하면 그렇게 됩니다.

남녀 간의 사랑(결혼)도 서로가 이 사랑을 알고 사랑을 해야 진짜 사랑으로 살게 됩니다. 사랑으로 사랑하게 됩니다. 이 사랑을 모르면 두 사람 사이에 서로의 세상 사상이나 율법의 칼이 휘둘러지게 되기 때문에 그 칼에 찔려서 상처를 받게 되고 죽게 됩니다. 아직 결혼하지 않은 사람들은 이 말을 명심하시고 자기 자신이 먼저 예수가 그리스도라는 것을 깊이 깨달아야 하며, 그래야 상대방이 그리스도로 결론 난 사람인지를 분별할 수 있고, 그래서 그런 사람을 만나 사랑에 빠지게 되고, 진짜 그리스도 안에서 진정한 사랑을 하며 아름답게 살게 되는 것입니다.

그러기에 무엇보다도 먼저 "예수가 그리스도라는 것을 믿고 영접하라"는 말씀에 순종하여 헤어졌던 임(하나님)을 다시 만나고 만난 후에도 늘 "예수가 그리스도라는 것을 믿으라"는 말씀에 순종해야 남녀 간에도 서로가 진짜 사랑으로 사랑하게 됩니다.

46

말 엉덩이의 낙인

　제주도에서는 말(馬)들을 방목합니다. 봄이 되어 한라산에 말들을 올려보낼 때 말 엉덩이에 낙인을 찍어 올려보냅니다. 왜냐면 동네 사람들이 많은 말들을 올려보내기 때문에 나중에 누구의 말인지 알 수가 없어서입니다. A라는 주인은 A라는 낙인을, B라는 주인은 B라는 낙인을 불에 달궈 말 엉덩이에 찍어 올려보냅니다. 봄, 여름 내내 한라산을 자유롭게 돌아다니면서 풀을 뜯어 먹고, 싸고, 자고, 놀다가 때가 되면, 즉 추운 겨울이 되면 말들이 마을로 내려옵니다.

　이때는 말들이 포동포동 살이 찌고 덩치가 커져서 알아보기 힘듭니다. 그러나 동네 사람들은 말들의 엉덩이에 찍힌 낙인을 확인하고, 즉 A라는 주인은 A라는 낙인이 찍힌 말을 찾아 집에 데려가고, B라는 낙인이 찍힌 말은 B라는 주인이 찾아 집으로 데려갑니다. A라는 주인이 B라는 낙인이 찍힌 말을 가져갈 수가 없습니다. 그렇게 되면 법에 따라 처벌을 받게 됩니다. 그러기에 각 주인은 각자의 낙인이 찍힌 말들만 찾아 데리고 가는 것입니다.

인간들도 마찬가지입니다. 인간들도 이 세상이라는 거대한 목장(선악과 사건이 터진 동네)에서 여기저기 돌아다니며 먹고, 싸고, 자고, 놀고 있다가 때(예수님의 재림)가 되면 목장에서 내려오게 됩니다. 이때 우리 영혼의 엉덩이에 예수님의 낙인이 찍힌 사람은 예수님께서 찾아 천국으로 데려가시고, 마귀의 낙인이 찍힌 사람은 마귀가 찾아 지옥으로 데려갑니다. 그런데 이미 인간은 선악과 사건(죄)으로 인해 영혼의 엉덩이에 마귀의 낙인이 찍혀 있습니다. 그래서 모두가 다 지옥으로 가게 되어있습니다.

그런데도 사람들이 지금 지옥으로 가고 있는 줄도 모르고 세상일에 미쳐 살고 있습니다. 그저 먹고, 싸고, 자고, 놀고, 일하고, 암수 짝을 만나 관계하고, 새끼 낳고, 사는 방법 가르쳐 주고, 영역 만들고, 우두머리 세우고, 지지고 볶으며 전쟁하는 짐승들처럼 그렇게 삽니다(벧후 2:12). 그러다가 지옥으로 가서 영벌(永罰)을 받게 되는데 말입니다. 그런 우리를 구원하러 오신 분이 계십니다. 그분이 바로 '예수'입니다. 구원하신 증거가 있습니다. 그게 '십자가 사건(피)'입니다.

우리 힘으로는 도저히 마귀의 손아귀에서 빠져나올 수 없는데, 즉 선악과 사건 때 우리 영혼에 마귀가 찍어놓은 낙인을 제거할 수가 없는데, 그래서 그런 인생에서 벗어날 수 없는데, 예수께서 십자가 사건(피)을 통해 우리를 구원하셨으니 그분이 우리의 구세주(메시아=그리스도)가 아니고 무엇이겠습니까? 하나님께서는 우리가 예수가 그리스도라는 것만 믿고 영접하면 우리 영혼의 엉덩이에 예수님의 낙인이 찍히도록 해두셨습니다. 그래서 영접하는 것이 중요한 것입니다.

때가 되면 예수님께서 '예수'의 낙인이 찍힌 우리를 천국으로 데리고 갈 것입니다. 그대는 예수가 그리스도라는 것을 믿고 영접하여 예수라는 낙인이 찍혔습니까? 안 찍혔다면 빨리 예수가 그리스도라는 것을 믿고 영접하시기 바랍니다. 다른 것(선행, 고행, 도덕이나 율법대로 살지 못했다 할지라도, 말과 뜻과 행실을 깨끗하고 착하게 하지 못했다 할지라도)은 못해도 이 말씀에는 순종해야 합니다. 그래야 예수님의 낙인이 우리 영혼에 찍히게 됩니다.

때가 되면 겨울이 오듯이, 때가 되면 예수님께서 다시 오십니다. 그때가 지금일지, 내일일지 알 수 없기 때문에 빨리 영접하시기 바랍니다. 이 낙인을 찍어놓으면 마귀가 어찌할 수 없습니다. 예수께서 십자가 사건(피)을 통해 법적으로 우리의 죄값을 청산하시고 새로 예수님의 낙인을 찍어놓으셨기 때문입니다.

'마귀 낙인'이 찍힌 우리 영혼의 엉덩이에 '예수 낙인'을 찍읍시다. 다른 사람에게 이 기쁜 소식을 전해주면 장차 하나님으로부터 상급까지 받게 됩니다(계 22:12). 세상 학교 졸업식에도 상급이 있는데 인생 졸업식 날 상급이 없겠습니까? 상급도 많이 받으시기 바랍니다. 샬롬!

47

우산

내 차에 우산을 두고 내린 분이 며칠 후에 우산을 찾아가면서 "비가 안 올 때는 우산 생각이 안 나더니 비가 오니 우산 생각이 난다"라고 했습니다. 그 말을 듣는 순간 또 영감이 스쳤습니다. 우리가 예수가 그리스도(죄 문제를 비롯한 문제들마다의 답=영적인 우산)라는 것을 늘 붙잡고 살아야 하는데… 즉 늘 "믿으라"는 말씀에 순종하고 살아야 하는데 그러지 못하므로 어느 순간 문제를 만나게 되면 스트레스를 받고, 속상해하고, 원망, 불평, 신경질, 짜증을 낸 후에야 '아, 참! 예수가 그리스도(죄 문제를 비롯한 문제들마다의 답)인데…'라는 생각을 하게 됩니다.

그런 생각이 들었을 때는 이미 늦은 것입니다. 자기도 상해버린 상태이지만 주변 다른 사람을 불편하게 만들어버린 상태이기에 반복하다 보면 인간관계도 깨지게 되고, 직장생활, 사회생활에서도 따돌림을 받게 됩니다. 그러니까 그러기 전에 예수가 그리스도(죄 문제를 비롯한 문제들마다의 답=영적인 우산)라는 것을 믿으라는 말씀에 늘 순종하는 것이 너무나도 좋은 것입니다.

늘 순종하고 있다면 늘 우산을 쓰고 있는 상태입니다. 그 우산(예수)을 쓰고 있으면 그 어떤 비(죽음문제를 비롯한 인생의 모든 문제)도 피할 수 있습니다. 절대로 영적인 감기가 들지 않습니다. 그러다 보면 육적인 감기도 물러갑니다. 이게 무슨 말이냐 하면, 눈에 보이는 육(세상)적인 우산이 없으면 비를 맞게 되고, 그리되면 옷이 젖게 되고, 옷이 젖으면 체온이 떨어져 감기가 들어 고생하듯이, 영적인 우산(예수)이 없으면 비(문제)를 만나게 되고, 그로인해 스트레스를 받게 되고, 속상하게 되고, 그러다 보면 원망, 불평, 신경질, 짜증나게 되고, 그러다 보면 정신적으로나 육신적으로 지치고 병들어 죽게 됩니다. 지옥까지 가게 됩니다.

그러기에 이 세상에 발을 딛고 있는 그 순간까지는 항상 우산(예수)을 쓰고 있어야 합니다.

그리고 이 우산(예수)은 세상의 우산과는 달리 보이지도 않아서 너무나 가볍습니다. 세상 우산처럼 손에 들고 다닐 필요도 없습니다. 이미 우리 마음속에 있기에 우리가 그 우산을 항상 쓰고 있기만 하면 됩니다. 늘 쓰고 있는 방법도 너무나 쉽습니다. 늘 예수가 그리스도라는 것을 믿는 믿음에 머물러 있으면 됩니다. 즉 늘 "예수가 그리스도라는 것을 믿으라"는 말씀에 순종하면 됩니다.

"믿으라"는 말씀에 순종(마음으로 하는 행위=믿음의 행위=내적 행위)하는 것이 아무것도 아닌 것 같지만 이 행위(일)가 우산을 쓰고 있는 행위와 같은 것입니다. 그러기에 비(문제)를 맞지 않게 되는 것입니다. 믿음의 행위를 하고 있지 않으면, 즉 예수가 그리스도라는 것을 믿는 믿음에 머물러 있지 않으면 마귀가 그 틈을 우는 사자처럼 덤벼들어 문제 앞에 넘어지게 합니다. 또 비(문제)를 맞게 하여 추위에 몸을 떨게 합니다.

이미 하나님께서는 영적인 우산을 주셨는데… 그것이 예수님인데… 영적인 우산이라는 증거가 있는데… 그게 성육신 사건이요 십자가 사건이요, 부활 사건인데… 하나님께서 예수가 영적인 우산(죄 문제를 비롯한 인생의 문제들마다의 답)이라고 하시는데 우리가 그것을 우산으로 믿지(여기지) 않으면 무엇을 우산으로 믿고(여기고) 살 것입니까?

그동안 이 우산 말고 노란 우산, 빨강 우산, 파란 우산, 찢어진 우산을… 즉 도덕이나 율법이나 말과 뜻과 행실을 깨끗하고 착하게 해야만 비를 피할 수 있다는, 구원받을 수 있다는 말을 듣고 얼마나 그런 우산들을 많이 쓰고 다녔습니까? 그런 우산들 때문에 안 해도 될 고생을 얼마나 많이 했습니까? 죄라는 비(문제)를 맞게 될 때는 그 죄(비) 때문에 죄책감에 시달려 괴로워하며 이러다가 지옥 불구덩이에 처박히는 게 아닌가 싶어 얼마나 많은 회개의 눈물을 흘렸습니까?

울어도 안 되고, 참아도 안 되고, 힘써도 안 된다고… 예수가 영적인 우산(그리스도)이라는 것을 믿기만 하면 된다고 찬송가 544장을 부르면서도 계속 그런 우산을 쓰고 있었으니 눈물이 마를 날이 없었던 것입니다. 하나님께서는 그리스도이신 예수(하늘에서 내려온 진짜 참 우산)를 통해 우리를 웃게 해주셨는데 말입니다. 우리의 눈물을 닦아 주셨는데 말입니다.

그동안 이런 영적인 내용도 모르고 이런저런 우산들을 많이 쓰고 다녔지 않았습니까? 그래서 문제(비)를 만날 때마다 옷이 다 젖어 추위에 몸을 떨었지 않았습니까? 그래도 이것(예수=영적인 우산) 외에 또 다른 우산이 필요합니까? 노란 우산, 빨강 우산, 파란 우산, 찢어진 우산을 다시 드릴까요? 이 우산(예수) 외에 다른 것들을 우산으로 믿으면(여기면) 그것이 우상입니다. 그런 우상을 우산으로 믿고(여기고) 나가면 틀림없이 비바람(문제)에 찢어져서 비바람(문제)을 맞게 됩니다. 고생하게 됩니다. 나중에 죽어 지옥 불구덩이에 처박히게 됩니다.

그러니까 늘 "예수가 그리스도라는 것을 믿으라"는 말씀에 순종하여 늘 그 우산을 쓰고 계십시오. 그것이 진짜 평안하게, 행복하게 사는 방법입니다. 늘 임마누엘 동산(아무 문제도 없고, 아무 부족함도 없는 하나님의 나라)의 삶이니까요. 비가 안 오는 나라에는 우산이라는 도구가 있을 리 없지만, 비가 오는 나라에는 우산이라는 도구가 분명히 있으며, 또한 있더라도 비가 오면 그 우산을 써야 되듯이, 이 세상에도 선악과 사건 때문에 개인마다 인생의 문제(비)가 파도처럼 밀려오게 되어있음으로 그 문제(비)를 안 맞으려면 영적인 우산(그리스도)이신 예수를 써야 합니다.

이 우산을 쓰는 방법은 항상 예수가 그리스도(영적인 우산)라는 것을 믿는 믿음으로 사는 것, 즉 예수가 그리스도라는 것을 믿으라는 말씀에 항상, 늘, 순종하는 것임을 잊지 마시기 바랍니다. 이미 예수가 그리스도(영적인 우산)라는 것을 알고, 믿고, 영접했으니 영적인 우산을 가지고 있는 상태임을 잠시도 잊지 않아야 합니다. 그것이 기도입니다. 앉으나 서나 예수가 나의 그리스도(영적인 우산)라는 것을 고백하는 것이 기도요, 곡조를 붙여 노래하면 찬송인 것입니다.

우리가 사랑하는 사람(애인)이 있으면 앉으나 서나, 어디에서 무엇을 하든지 간에 사랑하는 사람을 생각하는 것처럼 우리의 진짜 애인은 예수님이시기에 앉으나 서나 그분을 늘 생각하는 것은 당연합니다. 예수님을 진짜 사랑하는 애인으로 여긴다(믿는다)면 그렇게 되게 되어 있습니다. 정말 앉으나 서나 예수가 나의 영적인 우산(그리스도)이라는 것을 생각(기도)하시기 바랍니다.

그리하면 죄와 마귀와 죽음문제를 비롯한 인생의 모든 문제가 문제로 여겨지지 않습니다. 그러기에 염려하거나 속상하지 않고, 원망, 불평, 신경질, 짜증이 나지 않습니다. 평안해집니다. 모든 것이 내려놓아집니다. 그러기에 정신 건강, 육신 건강을 해치지 않게 됩니다. 오히려 그동안 예수가 그리스도(영적인 우산)라는 것을 몰라서 안 믿고 살았기에 문제(비)를 만나 추위에 떨고 지치고 병들었던 영과 혼(정신)과 육신이 치유됩니다.

그래서 "너희는 먼저 그의 나라와 그의 의(예수가 그리스도〈영적인 우산)라는 결론과 확신)를 구하라"고 하신 것입니다(마 6:33). 그리하면 나머지 것들도 다 되게 되어 있습니다. 무슨 일을 만나든지 만사형통하게 됩니다(찬 348장).

그러기에 다른 것 먼저 하지 말고, 다른 것을 우산으로 여기지 말고, 즉 노란 우산, 빨강 우산, 파란 우산, 찢어진 그런 우산(도덕이나 율법이나… 말과 뜻과 행실을 깨끗하고 착하게 해야만 비를 피할 수 있다는, 구원받을 수 있다는 그런 말)들을 쓰고 살았다 할지라도 이젠 예수만이 나의 그리스도(영적인 우산=하늘에서 내려온 진짜 참 우산)라는 것을 믿으라는 말씀에 늘 순종하여 늘 쓰고 있기를 바랍니다. '비(문제)가 올 때만 우산(그리스도)생각난다'하지 말고, 항상 우산을 쓰고 사시기 바랍니다. 그래야 늘 승리의 개가(찬송)를 부르게 됩니다. 샬롬!

48

인과응보 사상에서
해방되는 길

　세상을 사는 동안 문제들을 만나게 됩니다. 인간은 이런저런 문제들을 만나게 될 때 그 문제로 인해 마음이 더 어두워지고, 더 오그라들고, 더 우울해질 수밖에 없는 존재입니다. 이미 선악과 사건(마귀, 죄) 때문에 두려워 나무 사이에 숨어 있는 중이라서 그럴 수밖에 없는 존재들입니다(창 3:1~8). 그런 존재들인 우리들을 그러지 말고 살라고 죄 문제나 죽음문제까지, 그보다도 더한 지옥문제까지도 해결해 주셨습니다.

　해결해 주신 분의 이름이 '예수'입니다. 해결해 주신 증거가 있습니다. 그게 '십자가 사건(피)'입니다. 우리 힘으로는, 즉 도덕이나 율법의 행위나 말과 뜻과 행실을 깨끗하고 착하게 해도, 고행을 해도, 우리의 그 어떤 방법, 그 어떤 종교행위로도 그런 삶에서 벗어나 자유할 수 없는데(롬 3:27) 그분께서 십자가 사건(피)을 통해 자유케 해주셨기에 그분이 우리의 구세주(구원의 하나님=메시아=그리스도)입니다.

하나님께서는 우리들에게 예수가 그리스도라는 것을 믿고 영접하라고 하십니다. 그 말씀대로 하면(순종하면) 죄, 마귀, 죽음문제를 비롯한 그 어떤 문제에서도 자유할 수 있게 됩니다. 그러기에 오그라졌던 마음이, 우울했던 마음이, 어두웠던 마음이 펴지고, 환해지고, 기뻐집니다. 그동안 얘기해준 것, 그리고 보내드린 메시지들을 가만히 생각해보시기 바랍니다. 하나님께서는 문제를 해결해 놓았으니 해결된 것을 믿고 지금부터 영원히 자유하라는 것입니다. 지금부터 평안을, 지금부터 그 어디서나 하늘나라를 누리라는 것입니다.

문제를 만나게 되었을 때 인과응보(잘못하면 잘못한 것에 대한 대가를 치르게 된다는, 즉 죄를 지으면 죄값을 받게 된다는) 사상에만 젖어 있지 말고 (마귀는 인간을 그렇게 몰고 감=인과응보 사상에 지배당하면, 그 사상을 믿으면 그 믿음대로 그 사상의 결과를 만나게 됨, 욥 3:25) 그 문제에서도 자유케 해주신 예수님(답)을 바라보라는 것입니다. 문제는 인과응보 사상에 빠져들게 하는 문제가 아니라 그런 사상에 지배를 당하여 우울해질 수밖에 없는 인간을 건져주신 예수님(답=그리스도)을 바라보라는 문제일 뿐입니다.

즉 주어진 문제는 답(예수)을 찾으라고 주어지는 문제일 뿐입니다. 죄 문제가 됐든, 죽음문제가 됐든, 그 어떤 문제라 할지라도 문제들마다의 답이 '예수'라는 사실을! 하나님께서 이걸 깨닫게 해 주시려고 우리에게 율법도 주셨고, 문제들도 주어지게 하셨던 것 입니다. 율법 문제나 선악과 사건이나 그로 인한 죽음문제나 인생 의 그 어떤 문제라 할지라도 그 문제를 통해 '답(예수)'을 찾으라고 말입니다.

그런 문제들마다의 답이 '예수'라는 것을 찾으라고 말입니다. 이 답을 찾아놓지 않고 살면 이 세상(선악과 사건이 터진 동네)에서의 삶 도 힘들고, 괴롭고, 불안하고, 속상하고, 원망, 불평, 신경질, 짜증 나는 삶을 살게 되고, 부정적인 생각, 안 된다는 생각에 사로잡혀 뭔가 제대로 해보지도 못하고 어정쩡하게 살다가 진짜 뜨거운 고 통을 당할 수밖에 없는 지옥 불구덩이 속으로 들어가게 됩니다.

그래서 문제들이 주어졌을 때는 그 문제의 답(예수=복)을 찾으라 고 주어진 문제라는 것을 알아야 합니다. 그러기에 문제는 문제로 서 존재하기보다는 더 큰 복속으로 들어가게 하는 도구로서의 역 할을 하기위해 존재하는 문제일 뿐입니다. 이렇게 말해 주는 분 은 이 세상에 아무도 없습니다. 오직 하나님 한 분밖에 없습니다. 그러기에 인과응보 사상을 비롯한 세상 사람들의 말을 듣지 말고 하나님의 말씀을 들으시고 그 복(답=예수) 속으로 들어오기 바랍니 다. 도덕이나 율법이나 인과응보 사상이나, 공자·석가 사상이나 그 어떤 사상도 그리스도(메시아=구세주=구원의 하나님)의 사상을 뛰어 넘을 수 없습니다.

이왕에 사상에 빠지고 싶으면 인과응보 사상이나 공자나 석가 사상에, 세상 사상에 빠지지 말고 그리스도(도덕이나 율법이나 세상 사상이나 그 어떤 것이라 할지라도, 그런 것들이 요구하는 대로 살지 못했다 할지라도, 그래서 죄인이라 할지라도, 그런 것과 상관없이 그래도 괜찮다고 하시며 하나님의 자녀로 삼아 주신, 왕 같은 제사장이 되게 해주신, 천국 백성이 되게 해주신, 참 자유, 참 기쁨, 참 평안 등 참 행복을 누리게 해주신 구세주) 사상에 빠지시기 바랍니다.

그래야 다시 살게 됩니다. 거듭나게 됩니다.
하나님의 자녀가 됩니다. 왕 같은 제사장이 됩니다. 죄 문제를 비롯한 인생의 모든 문제에서 자유할 수 있게 됩니다. 하나님을 다시 만나 하나님의 모든 것을 소유하고 누릴 수 있게 됩니다. 참으로 엄청난 복을 받고 누릴 수 있게 됩니다.

세상에는 문제를 만나게 됐을 때 인과응보 사상을 답으로 찾는(여기는, 믿는) 사람들도 있고, 인과응보 사상에 지배를 당할 수밖에 없는, 그래서 우울해질 수밖에 없는 우리들을 그런 문제나 그런 인과응보 사상에서 건져내 자유케 해주신 분이 예수님이라는 것을, 그래서 그 예수가 문제들의 답(그리스도)이라는 것을 붙잡고(믿고) 자유를 누리며 기뻐하는 사람들도 있습니다.

그대는 둘 중에 어느 쪽의 사람인지 확인해보시기 바랍니다.
앞의 사람에 해당되면 일평생을 그렇게 인과응보 사상, 세상 사상에 빠져 우울해하다가 나중에 더 우울한 곳, 더 어두운 곳인 지옥으로 가게 되고, 뒤의 사람에 해당되면 지금부터 참 자유를 누리고, 기뻐하게 되고, 여기보다 더 밝은 곳인 천국으로 가게 됩니다. 물론 그대도 예수가 그리스도라는 것을 믿고 받아들인 사람이라면 기쁘게 살다가 천국으로 갑니다.

천국으로 가지만 이 세상에 머물고 있는 동안에 예수가 그리스도(죄 문제를 비롯한 인생의 모든 문제의 답=문제들마다의 답=구세주)라는 것을 믿으라는 말씀에 늘 순종해야 어떤 문제를 만나더라도 염려하거나, 불안하거나, 속상하거나, 우울하거나, 부정적이거나, 안 된다거나 그렇게 되지 않게 됩니다. 그러기에 제발 예수가 그리스도라는 것을 잠시도 놓치지 마시기 바랍니다. 이것은 내가 하는 부탁이 아니라 하나님의 부탁입니다. 늘 "예수가 그리스도라는 것을 믿으라(요 6:29)"는 말씀에 순종하셔서 하나님께서 주신 이 엄청난 복을 지금부터 영원히 펑펑 누리고 살기 바랍니다. 샬롬!

49

그대 앞에 무슨 강이 있는가?

그대 앞에 무슨 강(문제)이 있기에 주춤거리고 계십니까?

한강입니까? 요단강입니까? 우리가 길을 가다가 그런 강을 만나듯이 인생을 사는 동안 이런저런 문제들이라는 강을 만나게 됩니다. 한강을 건너려면 배를 타든지 다리(교량)를 건너든지 해야 하듯이 인생을 사는 동안 이런저런 강(문제)을 만나게 되었을 때도 배를 타든지 다리를 건너야 합니다.

한강을 건널 때의 배나 다리는 보이는 것이지만 우리들이 살면서 만나는 문제들이라는 그 강을 건널 때는 안 보이는 배나 다리를 사용하게 됩니다. 혹시 그 배나 다리가 뭔지 아세요? 벌써 아시는군요. '예수'라는 것을… 그렇습니다. 그 배나 다리가 되어 주신 분이 '예수'입니다.

우리가 사는 동안 율법대로 살지 못해 죄를 범한, 즉 죄 문제라는 강을 만나게 되었다고 합시다. 그러면 그 강을 무엇으로 건널 수 있겠습니까? 한강의 유람선이나 한강에 놓인 다리를 건너면 해결될까요? 도덕, 율법, 고행, 선행, 말과 뜻과 행실을 깨끗하고 착하게 하면 될까요? 그 강(죄) 앞에서 하염없이 울거나 금식기도를 하고, 헌금을 많이 하면 될까요? 세상에 있는 모든 종교가 원하는 대로 하면 될까요?

그런 방법으로는 절대로 안 됩니다(롬 3:27). 그런 것을 좇아가면 그것들이 요구하는 대로 살지 못하는 자기 자신만 발견할 뿐이고, 그로 인해 더 힘들고 괴로워질 뿐입니다. 그러기에 그런 배나 다리들을 통해서는 절대로 죄라는 강(문제)을 건널 수 없다는 것을 확실히 알아야 합니다.

그런데 죄라는 강(문제)뿐만 아니라 죽음문제를 비롯한 그 어떤 강(문제)이라도 건널 수 있는 방법이 있습니다. 예수가 그리스도(죄와 마귀와 죽음문제를 비롯한 이런저런 인생의 모든 문제를 해결해주신, 건너게 해주신 구원의 하나님=우리 영혼의 배, 다리)라는 것만 믿으면 된다(건너게 된다)는 하나님의 말씀(복음=믿음의 법, 롬 3:27)에 순종하면 실제로 인생의 모든 강(문제)을 건너게 됩니다.

예수가 그리스도라는 말은 예수가 바로 우리 영혼의 배요, 다리라는 말입니다. "예수가 그리스도라는 것을 믿으라"는 이 말씀에만 순종하면 지금 건너지 못하고 주춤거리고 있는 그 죄라는 강

(문제)뿐만 아니라 죽음의 강, 지옥의 강까지, 한 마디로 인생의 모든 강(문제)을 다 건널 수 있습니다. 하나님께서 사람들이 이걸 믿지 못할까 봐 십자가 사건(피)까지 보여 주시면서 믿으라고 하십니다.

어쩌시렵니까?

이 배, 이 다리가 지금 몸에 달린 그 눈(육안)에 안 보인다고 없는 것으로 생각하고 안 믿으시렵니까? 십자가 사건(피)까지 증거로 보여 주시면서 믿으라고 하시는데도 순종하지 않으시렵니까? 이것은 그런 엄청난 증거가 있기에 따져볼 필요도 없이 믿어야 합니다.

사람들이 이순신이 왜적들을 물리치고 조선 백성을 구한 위대한 장군이라는 것은, '이순신은 왜적을 무찌른 위대한 장군'이라는 것은 잘 믿으면서 선악과 사건이 터진 동네(죄와 마귀와 죽음문제를 비롯한 이런저런 인생의 모든 강(문제)들을 건너지 못해서 염려하고, 불안해하고, 속상해하며 원망, 불평, 신경질, 짜증나는 삶을 살다가 지옥으로 가기 위해 대기하고 있는, 마치 경찰서 유치장과 같은 곳)의 우리들을 구해 주신 예수님은 잘 안 믿습니다. 거기서 우리를 건져내 주셨기에 예수를 그리스도(장군 중에 진짜 참 장군)라고 하는 건데 말입니다.

사람들이 '이순신은 장군이다!'라는 것은 믿지 말라 해도 잘 믿으면서 '예수가 그리스도다!'라는 것을 믿으라고 하면 잘 안 믿습니다. 마귀가 이걸 믿고 받아들이도록 가만히 놔둘 리 없는 것입니다. 이걸 믿고 받아들이면 선악과 사건 때부터 자기 손아귀에 있던 인간들이 그 손아귀에서 벗어나 하나님께로, 임마누엘 동산으로 들어가게 되기 때문입니다.

인간을 선악과 사건(죄)에 빠지게 했던 마귀는 지금도 예수가 그리스도(선악과 사건을 해결하신 구세주)라는 것을 믿지 못하도록 온갖 방해를 다 하고 있기 때문에 사람들이 예수가 그리스도라는 것 이외의 것들을 잘 믿고 따라가는 것입니다. 그러나 '예수만이 우리 영혼의 배요, 다리'라는 것을 믿고 나오는 사람들이 있습니다. 그 말씀이 하나님 아버지의 음성인 줄 알고 믿고 받아들입니다(요 10:3~4, 14).

나도 하나님께 속한 자이기에 그 음성을 듣고 나온 것입니다. 그동안 마귀가 방해를 하고 있었기 때문에 고생은 했지만 끝내 "예수가 그리스도라는 것을 믿으라"는 말씀에 순종하여 하나님 품에 안기게 되었습니다. 하나님 품에 안겼다는 말은 죄의 강을 비롯한 인생의 모든 강(문제)들을 다 건너 아무런 문제도 없는, 아무런 부족함도 없는 임마누엘 동산에 들어왔다는 말입니다. 그러기에 룰루랄라의 즐거운 삶, 신나는 삶, 행복한 삶, 그 어디서나 하늘나라를 누리는 삶을 살게 된 것입니다. 지금부터 하늘나라를 누리다가 장차 하늘나라로 들어 갑니다.

아직도 염려되거나 마음이 불편, 불안하거나 스트레스를 받고 있다면 그건 강을 건넌 것이 아니라 강 건너편에서 주춤거리고 있는 상태입니다. 어떤 문제(강)가 됐든지 간에 마음이 불안하거나 불편하다면 아직 그 강을 건너지 못한 것입니다. 지금 그러고 있다면 빨리 예수님의 손을 붙잡고 그 강을 건너야 합니다. 그렇지 않으면 정신이, 육신이 상하게 됩니다. 지치고 병들게 됩니다. 예수가 그리스도라는 말은 예수님께서 십자가 사건(피)을 통해 우리가 건너지 못할 강(죄 문제를 비롯한 인생의 모든 문제)을 건너게 해주신 구원의 하나님이라는 말입니다.

이렇게 예수가 구원의 하나님(구세주=메시아=그리스도)이라는 것을 믿으면 된다는 하나님의 말씀에 순종하기만 하면 강을 건너게 됩니다. 그러나 불순종하면 건널 수 없습니다. 도덕이나 율법이나 말과 뜻과 행실을 깨끗하고 착하게 해도 못 건넙니다. 그 어떤 세상 사상이나 그 어떤 종교행위를 해도 못 건넙니다. 자기 자신을 제물로 바쳐도 못 건넙니다. 그래서 순종이 제사보다 낫다고 하신 것입니다(삼상 15:22). 자기 몸을 하나님 앞에 제물로 드리는 것보다 예수가 그리스도라는 것을 믿기만 하면 건너게 된다는 이 말씀에 순종하는 것이 그 어떤 것을 하는 것보다 낫습니다. 자, 그럼 순종하여 지금 바로 건너봅시다. 파이팅!

50

소풍

소녀들이 해변으로 소풍을 갔습니다.

소녀들은 해변에서 조개껍질을 줍기도 하고, 모래밭에 그림도 그리고, 모래성을 쌓기도 하며 재밌게 놀았습니다. 그중 어여쁜 소녀가 예쁜 조개껍질을 주웠습니다. 그러자 그 옆에 있던 험악하게 생긴 소녀가 그 조개껍질을 빼앗아 가버렸습니다.

한 번만 그런 것이 아니라 계속해서 빼앗아 가는 바람에 어여쁜 소녀가 너무 억울하고 속이 상해 엉엉 울었습니다. 지금 당장 그 험악하게 생긴 소녀를 이길 수 없었기에 전화로 아버지께 억울한 사정을 말씀드렸더니 나중에 아빠가 그 억울함을 풀어 주겠다고 해서 그 말씀에 위로를 받고 또다시 조개껍질을 주웠습니다.

그러다가 너무나 예쁜, 너무나 값비싼 진주를 발견했습니다.

진주조개였던 것입니다. 얼른 속주머니에 집어넣고 또 다른 조개껍질을 줍고 있는데 또 험악하게 생긴 그 소녀가 와서 조개껍질을 빼앗았습니다. 그러나 이번에는 억울하지도, 속상하지도 않았습니다. 입가에 미소까지 머금으며 다른 조개껍질까지 다 가져가라고 했습니다. 왜 그렇게 변해버렸을까요? 그렇습니다. 그 조개껍질들보다도 더 귀한 것을, 값진 진주를 주머니 속에 감춰놓고 있었기 때문입니다.

그리고 나중에 아버지가 그 험악한 소녀를 혼내주시고 그 조개껍질까지 다 찾아주실 것을 생각하니 너무나 기뻤습니다. 이렇듯 '그리스도인'인 우리도 그런 사람입니다. 무슨 말이냐 하면, 우리도 이 세상에 소풍을 왔습니다. 이 세상이라는 거대한 해변(지구)에서 조개껍질들(돈, 명예, 권력, 진학, 진급, 승진 등 한마디로 세상 것들)을 열심히 줍고 있었습니다. 그러다 험악한 이들(마귀와 귀신과 그들에게 속한 인간들)에게 핍박도 받고 손해 보기도 했습니다. 그래서 억울해하기도 했습니다.

그 억울한 심정을 하나님아버지께 호소했습니다.
하나님아버지로부터 때(예수님의 재림사건)가 되면 그 억울함을 갚아주겠다는 말씀을 듣고 위로를 받습니다. 그리고 다시 조개껍질을 줍습니다. 그런데 이번에는 썩어 없어질 그런 조개껍질 정도가 아니라 너무나도 귀한 참 진주(예수)를 발견했습니다. 그것을 얼른 영혼의 주머니(마음) 속에 집어넣고서(영접) 룰루랄라하고 있는데 또다시 험악한 이들이 조개껍질(세상 것들)을 빼앗아 갔습니다.

그런데 이번에는 속상하지 않았습니다.
오히려 미소까지 머금게 되었습니다. 왜 그렇게 변했을까요?

213

그렇습니다. 마음속에 담긴 참 진주(그리스도=죄 문제를 비롯한 인생의 모든 문제의 답 그 자체=하나님 그 자체=영생은 물론 천국을 비롯한 하나님의 모든 것 그 자체)인 '예수'때문입니다. 이런 엄청난 것을 발견했기에 조개 껍질들(돈, 명예, 권력, 진학, 진급, 승진 등 한마디로 세상 것들)은 다 주게 됩니다.

그런 것은 썩어 없어지고 말 배설물(똥)에 불과하기 때문입니다. 그런 것은 참 진주(예수)를 발견하지 못한 사람들이 목숨 걸고 더 많이 가지려고, 더 높이 올라가려고 하는 것입니다. 진짜 참 진주(예수)를 발견했다면 해변에서 진주를 발견한 그 어여쁜 소녀처럼 그렇게 넉넉하게 미소 지으며, 사랑하며 살게 됩니다.

그러기에 이 세상에 소풍 나와서 그런 조개껍질(세상 것)들만 줍지 말고 참 진주(예수)를 꼭 발견해야 합니다. 조개껍질에 속하는 것이 또 있습니다. 도덕, 율법, 고행, 선행, 인과응보 사상을 비롯한 세상 사상의 종노릇이나, 말과 뜻과 행실을 깨끗하고 착하게 해야만 구원받게 된다는 그런 생각, 그런 말들도 다 조개껍질들입니다. 이런 조개껍질들은 다른 조개껍질들보다 더 고상하고 유달리 빛이 좋아 보입니다. 이 조개껍질들 때문에 참 진주(예수)를 발견하지 못하는 사람들이 많습니다. 참 진주의 유사품 조개껍질이라서 사람들이 많이 속습니다. 이런 유사품에도 절대 속지 마십시오.

오직 예수만이 참 진주(그리스도=구세주=메시아)입니다.

세상을 사는 동안 이것을 발견해야 그 어여쁜 소녀처럼 넉넉하게 평안하게 미소 지으며 사랑을 최고로 여기며 살게 됩니다. 소녀가 세상적인, 육적인 그런 진주를 발견하고도 그랬는데 하물며 죄 문제를 비롯한 인생의 모든 문제의 답이요, 하나님 그 자체요, 천국을 비롯한 하나님의 모든 것인 참 진주(예수)를 발견했는데 어찌 넉넉하지, 평안하지, 미소 짓지 않을 수 있겠습니까.

이렇게 미소 짓고 감사하며, 사랑하며, 긍정적으로 살다 보면 하던 일도 더 잘 됩니다(찬 348장). 그동안 이걸 몰라서 문제들로 인해 상처받고 지치고 병든 것까지 치유됩니다. 또한 나중에 그동안 우리를 괴롭혔던, 핍박했던 사람들도 우리가 보는 앞에서 하나님 아버지께 심판받고 지옥으로 가는 것을 보게 됩니다.

아이들이 소풍 나왔다가 때가 되면 집으로 돌아가듯이, 이 세상에 소풍 나온 인간들도 때가 되면 집으로 돌아가게 됩니다. 참 진주(예수)를 가진 자들은 천국으로, 조개껍질들을 가진 자들은 지옥으로 가게 됩니다. 그러기에 조개껍질(세상 것)들에 연연하지 마시고 참 진주를 주신 하나님께 늘 감사하며 사십시오. 그렇게 되는 방법도 예수가 그리스도(참 진주=선악과 사건으로 인한 죄 문제를 비롯한 인생의 모든 문제의 답, 하나님 그 자체, 천국을 비롯한 하나님의 모든 것)라는 것을 믿으라는 말씀에 늘 순종하면 됩니다.

예수가 그리스도라는 것을 발견하는 것도 중요하지만, "예수가 그리스도라는 것을 믿으라"는 말씀에 순종(내적 행위)하는 것이 더 중요합니다. 순종이 그 어떤 행위보다도 아름다운 행위라는 것을, 이 행위(일)를 하나님께서 최고로 아름다운 일(행위)로 인정해 주십니다. 이 행위(순종)를 하게 되면 그 어디서나 하늘나라를 누리게 되므로 더 이상 문제 될 것도 없고, 더 이상 부족함이 없게 되기에 이 세상에서의 주어진 시간과 물질과 몸을 사람 살리는 일에 쓰게 됩니다.

순종이라는 아름다운 행위(마음으로 하는 행위=내적인 행위)는 자기에게 주어진 시간과 물질과 몸을 사람 살리는 아름다운 일(외적 행위)로 나타납니다. 순종하면 다 그렇게 됩니다. 그러기에 오직 예수! 오직 믿음! 오직 복음! 오직 순종! 샬롬!

51

애벌레 신세에서 벗어나는 길

통통하게 살찐 애벌레가 오늘도 열심히 나뭇가지의 연한 잎을 갉아 먹고 있었습니다. 그런데 그 숲속의 사정을 잘 알고 있는 참새가 그 애벌레를 한입에 삼켰습니다. 이 참새는 기어 다니는 애벌레와는 달리 순식간에 이곳저곳을 날아다니며 맘대로, 맘껏 애벌레들을 집어삼켰습니다. 그런다고 해서 애벌레들이 어디다 하소연할 수도 없고, 재빨리 피할 수도 없었습니다.

애벌레가 나뭇잎 뒤에 숨어 있어도 참새는 거기에 숨어 있다는 것까지 다 알고 있었고, 또한 애벌레가 나뭇잎처럼 푸른빛을 띠고 있어도 참새는 기가 막힐 정도로 잘 알아채고 순식간에 집어삼키고 말았습니다. 애벌레로서는 어떻게 해볼 재주가 없었습니다. 세상에 태어나서 죽기 살기로 열심히 나뭇잎을 갉아 먹어봤자 결국 참새 좋은 일만 시키는 것이었죠.

이 세상에 태어나 사는 사람들도 애벌레와 같은 신세입니다. 그런데도 그런 줄도 모르고 열심히, 열심히 세상일을 하고 있습니다. 애벌레는 나뭇잎을 열심히 갉아 먹고 있지만 사람들은 논밭에서 나는 것들을 열심히 갉아 먹고 더 많이, 더 높이 올라가려고 산(환경)도 갉아먹고, 사람까지 갉아 먹습니다. 그렇게 열심히 갉아 먹어 봤자 참새에게 먹히고 말텐데 말입니다.

인간들에게 있어서 참새가 누군지 아십니까?

그게 마귀(귀신들의 우두머리)입니다. 그런데 인간들이 마귀가 참새처럼 활동하고 있다는 것도 모르고, 자기 자신이 애벌레와 같은 신세라는 것도 모르고 그냥 세상 것들만 더 많이 챙기려고, 세상일만 열심히 하고(갉아먹고) 있습니다. 그러다가 어느 순간 사망(마귀=지옥)이라는 입안에 꿀꺽 삼킴을 당하게 됩니다.

그럴 수밖에 없게 된 이유(근본 원인)가 있습니다.

그게 선악과 사건(마귀에 의한 인간의 오리지널 죄, 창 3:1-6)입니다. 그 사건으로 인해 사람들이 이미 애벌레 신세가 되었고, 또한 그 동네(세상=선악과 사건이 터진 동네)에서 왕 노릇하는 참새와 같은 존재(마귀)에게 계속 공격을 당할 수밖에 없게 된 것입니다.

인간이 처음에는 그런 신세가 아니었습니다.

에덴(임마누엘=하나님과 함께 하는 삶=아무 문제도, 아무 부족함도 없는 평화롭고 행복한 삶)동산의 삶이었습니다. 그런데 마귀의 거짓말에 속아 먹어서는 안 될 선악과를 먹고 말았죠(창 3:1-6). 그 사건으로 인해 인간이 마귀의 밥이 돼버린, 즉 애벌레 신세가 돼버린 것입니다. 애벌레처럼 열심히 세상 것들을 갉아먹어봤자 결국은 마귀 좋은 일만 하게 돼버린 것입니다. 그런 불쌍한 우리를 구원하시려는 하나 님께서는 구원의 계획, 내용 등을 우리에게 알려 주셨습니다.

그런 내용이 적힌 책이 성경입니다. 성경은 우리를 사랑하시 는 하나님께서 그런 내용을 적어 보낸 편지입니다. 사랑하는 사람 이 보낸 편지에는 이런저런 얘기들이 있지만 결국 사랑을 말하기 위한 것처럼, 우리를 사랑하시는 하나님께서도 이런저런 얘기들 을 하셨지만 결국 사랑을 말씀하신 것이죠. 사랑하되 죽기까지 사 랑하신 거죠. 그게 십자가 사건(피)입니다. 그 희생(사랑, 롬 5:8, 요일 4:10)으로 우리가 선악과 사건이 터진 동네에서 임마누엘 동산으 로 건져졌습니다(요 5:24). 이것을 구원이라고 합니다.

우리를 사랑하시되 죽기까지 사랑했다는 얘기가 하나님께서 보내신 편지의 핵심입니다(요 3:16, 19:1-30, 20:31). 이 사랑을 우리가 받아들이면 그분과의 사랑에 빠져 룰루랄라의 행복한 삶(선악과 사 건으로 인해 잃어버렸던 에덴, 즉 임마누엘의 복을 누리는 삶)을 살게 되고, 받 아들이지 않으면 선악과 사건이 터진 동네(세상)에서 통통하게 살 찐 애벌레 신세의 삶을 열심히 살다가, 즉 세상 것들을 열심히 갉 아먹고, 또한 도덕이나 율법이나 고행이나 인과응보 사상을 비롯 한 세상 사상으로 포동포동 살이 찐 애벌레로서의 삶을 살다가, 이런 영적인 내용도 전혀 모르고 살다가 사망의 입(지옥)에 처박히 게 됩니다.

그러기에 그분의 사랑을 받아들여야 합니다. 그 사랑을 받아들

일 수 있는 방법이 있습니다. 예수께서 십자가에 달려 죽기까지 해서 선악과 사건이 터진 동네의 우리들을 구원해 주셨기에 우리가 그 예수를 구세주(구원의 하나님=메시아=그리스도)로 믿고 마음속에 영접하면 됩니다. 영접하면 선악과 사건이 터진 동네의 애벌레 신세에서 벗어나 하나님의 형상을 회복한 하나님의 자녀가 되고, 왕 같은 제사장이 되어 마귀와 그의 종자들인 귀신들과 죄와 죽음, 지옥 문제를 비롯한 인생의 모든 문제들을 밟고 다니게 됩니다.

물론 이런 영적인 내용들까지 환히 알게 되고 말하게 됩니다. 내가 지금 이렇게 하는 것이 그 증거입니다. 그러기에 그대도 다른 것(도덕이나 율법이나 고행이나, 말과 뜻과 행실을 깨끗하고 착하게 하는 일이나, 세상 사상이나 온갖 종교행위)은 못해도 "예수가 그리스도라는 것을 믿고 영접하라"는 말씀에는 순종하시기 바랍니다. 순종하는 것이 하나님께서 보시기에 최고로 아름다운 행위입니다.

이 아름다운 행위(순종)를 통해 애벌레 신세에서 벗어나게 되고, 죽었던 영혼이 새 생명(영생)을 얻게 되고, 영혼의 날개가 활짝 펴져 창공을 자유롭게 날아다니게 되고(참 자유인의 삶), 하나님을 뜨겁게 사랑하게 되고, 세상 것들이 배설물(똥=거름)로 여겨지게 되고, 그러기에 그 거름으로 많은 사람들을 살려내게 됩니다. 이 세상에서의 주어진 시간과 물질과 몸을, 사람을 살리는 일(예수가 그리스도라는 것을 전해주는 일=이웃을, 민족을, 인류를 사랑하는 일)에 던져놓고 살게 됩니다. 그러기에 예수가 그리스도라는 것을 제대로 알고, 그것을 믿으라는 말씀에 순종하는 것이 너무나도 중요한 것입니다. 샬롬!

52

지우개

　연필로 글을 쓰다가 잘못 썼을 때는 지우개로 지우면 됩니다. 그런데 우리 인생에서 잘못된 것(죄와 허물)은 무엇으로 지울 수 있겠습니까? 이것은 철야기도, 금식기도, 도덕, 율법, 고행, 마음수련, 더 나아가 자기 목숨을 하나님께 바쳐도, 한 마디로 세상의 그 어떤 방법으로도 안 지워집니다. 그런데 간단히 지울 수 있는 방법이 있습니다. 예수가 그리스도(그 어떤 방법으로도 지울 수 없는 죄와 허물을 십자가 사건〈피〉을 통해 깨끗하게 지워주신 구원의 하나님=구세주=메시아)라는 것만 믿으면 단번에, 영원히 지워진다는 하나님의 말씀(복음)에 순종하면 됩니다.

　아무리 죄를 안 짓고 싶어도 어느새 마음으로나 행위로 죄를 짓고 마는 이유는 사람 속에 죄가 담겨 있기 때문입니다. 선악과 사건 때 사람 속에 담긴 죄가 때를 따라 이 모양 저 모양으로 분출하는 것이기에 아무리 죄를 안 지으려고 애를 써도 어느새 마음으로나 행위로 죄를 짓고 마는데… 그럴 때마다 자기 자신을 책망하고 죄책감에 사로잡혀 괴로워하다가 죽을 수밖에 없는 우리를 예수께서 십자가 사건(피)을 통해 단번에, 영원히 깨끗하게 해결해 주셨으니 우리가 어찌 그분을 구세주(메시아=그리스도)로 안 믿을 수 있겠습니까.

해결해 주신 증거까지 있기에….

그게 예수님의 십자가 사건(피)이기에 안 믿을 수 없는 것입니다. 그런데도 안 믿는 사람들이 많습니다. 안 믿기로 작정한 사람처럼 이런 얘기를 들려주면 듣지도 않으려는 사람도 있습니다.

우리는 원래 선악과 사건(마귀에 의한 인간의 오리지널 죄, 창 3:1-6) 때문에 죽어 마땅하고, 지옥 가는 것도 마땅합니다. 그런데 그분께서 그 엄청난 십자가 사건(피)을 통해 우리에게 새 생명을 주시고 천국을 누릴 수 있게 해주셨는데… 그러기에 누가 봐도 하나님은 사랑이시고, 공의로우신 분임을 인정하지 않을 수 없는 것입니다.

하나님의 속성이 '사랑과 공의'인데 십자가 사건(피)은 바로 그 사랑과 공의를 나타내는 사건이었습니다. 하나님이 누구신지를 확실히 알 수 있게 하신 사건이었습니다. 한 치의 오차나 잘못된 판결을 하지 않으시고 오직 정당하게 공의로 세상(사람)을 다스리시며, 그 공의로 판결하시다 보니 하나님의 형상을 입은 우리(인간)들이라 할지라도 선악과 사건(죄)에 빠지니까 가차 없이 처벌(죽음문제를 비롯한 인생의 모든 문제를 만날 수밖에 없게 됨) 할 수밖에 없었던 것입니다. 이것이 공의로운 심판입니다.

그러나 창조주이신 하나님께서 사람의 모습으로 오시기까지 하셨고(성육신 사건=예수), 선악과 사건에 빠진 죄인(더러운 피조물)들에게 온갖 수모를 당하시고 매를 맞고 십자가에서 죽임을 당하셨습니다. 그렇게까지 해서 선악과 사건에 빠진 죄인들이 우리를 살리신 이것이 사랑이고, 우리를 죄에서 구원하시기 위함이었고, 우리를 살리기 위함이었으니, 이것이 사랑이 아니고 무엇이겠습니까!

조물주가 피조물(선악과 사건에 빠진 죄인)에게 당하기까지해서 피조물을 살리신 이것이 사랑이라는 말입니다. 도저히 있을 수 없는 일이 2,000여 년 전에 실제로 있었던 것입니다.

우리가 치를 수 없는 죄값을 그분이 죽기까지 해서 대신 치러주셨으니 이것이 사랑이요, 정당하게 죄값을 치렀으니 우리가 죄와 죽음문제를 비롯한 인생의 모든 문제에서 해방된 것은 법적으로 아무 이상이 없는, 즉 공의가 성립되는 것입니다. 법(선악과의 언약, 창 2:17)에 의해서 죽을 수밖에 없는 우리를 그래도 사랑하사 법(예수가 그리스도라는 것만 믿으면 된다는 믿음의 법, 롬 3:27)에 의해 살게 하셨습니다.

우리의 과거, 현재, 미래, 그 어떤 죄 문제도 또한 죽음문제를 비롯한 인생의 모든 문제를 예수님의 십자가 사건(피)을 통해 단번에, 영원히 해결해 주셨으니 얼마나 감사한지 말로 다 형용할 수 없습니다. 영혼 깊숙한 곳에서 감사가 끓어 넘칠 수밖에 없는 것입니다. 감사하며 찬양하며 예배하며 전할 수밖에 없으실것입니다. 이젠 더이상 죄책감에 시달리거나 자기 자신을 책망하거나 괴로워 하지 않아도 됩니다. 예수님의 피로 우리의 죄 문제가 깨끗하게 지워졌기 때문입니다.

그래서 예수는 우리의 지우개(그리스도)입니다. 예수가 그리스도라는 말은 예수가 우리 영혼의 더러움(죄)을 깨끗하게 지워버린 '참 지우개'라는 말입니다. 그리스도 안에 이런 깊은 뜻이 들어있습니다. 예수가 그리스도(지우개)라는 것을 절대로 잊지 마시기 바랍니다. 늘 "예수가 그리스도라는 것을 믿으라"는 말씀에 순종하고 노래하고 전하시기 바랍니다. 그렇게 하면 지금부터 하늘의 영광을 누리게 되고(찬 288장), 상급까지 받게 됩니다(계 22:12).

53

진짜 중요한 걸 모르거나 알아도 진짜 안 믿는다

사람들이 진짜 중요한 걸 모르거나 또한 알아도 진짜 안 믿습니다. 믿는다는 말은 하는데 막상 어떤 문제가 자기 앞에 닥치면 염려하고 속상해하며 원망, 불평, 신경질, 짜증을 냅니다. 그러는 것 자체가 예수가 그리스도(문제들마다의 답=죄 문제를 비롯한 인생의 모든 문제의 답)라는 것을 모르거나, 또한 알아도 안 믿고 있다는 증거입니다. 그러기에 믿음이 있는가, 없는가는 문제를 만났을 때 보면 압니다. 그래서 하나님께서도 너희가 진짜 예수가 그리스도라는 것을 믿는 믿음이 있는가를 시험해 보라고 하셨습니다(고후 13:5).

예수가 그리스도라는 말은 예수께서 십자가 사건(피)을 통해 죄와 마귀와 죽음문제를 비롯한 인생의 모든 문제(선악과 사건)를 해결하신 구원의 하나님(구세주=메시아)이라는 말입니다. 그런데도 사람들이 선악과 사건(죄)과 십자가 사건(피)이 뭔지도 제대로 모르고, 또한 알아도 안 믿습니다. 믿으면 된다는 말씀에 순종하지 않습니다.

선악과 사건이 터지기 전에는 아무 문제도 없었고, 아무런 부족함도 없었습니다. 그야말로 에덴이었습니다. 임마누엘이었습니다. 사람들이 선악과 사건(죄)이 터지기 이전의 삶과 터진 후의 삶이 어떠한지도 모르고 저주(죽음문제를 비롯한 인생의 모든 문제)받은 인생길을 달려가고 있습니다. 시간표에 따라 만나는 문제들로 인해 염려하고 속상해하며 정신적, 육신적으로 지치고 병들어 자살까지 합니다.

선악과 사건이라는 그 엄청난 죄에 빠져 그런 인생을 살다가 지옥으로 갈 수밖에 없는 우리를 구원하신 분이 계십니다. 그분이 바로 '예수'입니다. 구원해 주신 증거가 있습니다. 그게 바로 '십자가 사건(피)'입니다. 십자가 사건을 통해 우리를 구원해 주셨기에 그분이 우리의 구세주(구원의 하나님=메시아=그리스도)이십니다. 예수가 그리스도라는 이것 한 개만 제대로 깨닫고 믿으면 죄와 죽음문제를 비롯한 인생의 모든 문제에서 해방되고, 하나님을 다시 만나 천국을 비롯한 하나님의 모든 것을 소유한 천국 백성이 됩니다. 왕 같은 제사장이 되어 마귀와 문제들을 밟고 다닙니다.

그런데 이렇게 된다는 걸 사람들이 안 믿을 뿐만 아니라 또한 믿는다 하면서도 이렇게 되어있는 자기 자신을 바라보지 못합니다. 그렇게 되어있는 자기 자신을 바라보는 것이 '믿음 좋은 사람'

입니다. 이런 사람을 '믿음의 사람'이라고 합니다(히 11장). 마귀도, 세상의 그 어떤 문제도 이런 믿음의 사람을 감당치(이기지) 못합니다(히 11:37~38). 그것들이 두 손 들게 됩니다. 그러기에 아담의 선악과 사건(죄) 한 방으로 터진 인생의 모든 문제를 예수님께서 십자가 사건(피) 한 방으로 다 해결해버렸다는 것을 믿는 것이 중요합니다.

 2000여 년 전 눈(육안)에 보이는 엄청난 십자가 사건(피)을 보여주셨는데도 예수가 그리스도라는 것을 안 믿어서야 되겠습니까. 그러면서 이순신은 왜적을 무찌른 장군이라는 것은 믿지 말래도 잘 믿습니다. 그걸 믿어봤자 선악과 사건(인생의 모든 문제)에서 해방되지 못합니다. 이순신 장군뿐만 아니라 공자나 석가나 세상 모든 것들은 믿지 않아도 '예수가 그리스도'라는 이것 하나만 믿으면 새 생명(영생)은 얻은 새사람이 되고, 새 인생, 복된 인생을 살게 됩니다(요 3:16, 고후 5:17, 행 1:8).

 일본군대를 무찌르고 조선 백성을 구한 위대한 장군이 이순신이라는 것을 믿듯이, 선악과 사건이라는 그 엄청난 죄로 인해 무거운 짐(십자가=죽음문제를 비롯한 인생의 모든 문제)을 짊어진 인간(죄인)들을 구원하신 하나님(구세주=메시아=그리스도)이 예수님이라는 것을, 즉 예수가 그리스도라는 것을 믿으면 새 생명을 얻게 되는데 사람들이 믿어야 할 것은 안 믿고, 새 생명과 아무런 관계도 없는 것들은 잘 믿고 잘 따릅니다.

하나님께서 우리들에게 일본군대(죄 문제를 비롯한 인생의 모든 문제)를 무찌르라고 하는 것도 아닌데… 그냥 예수가 그리스도(십자가 사건을 통해 영적인 일본군대〈죄와 죽음문제를 비롯한 인생의 모든 문제〉들을 다 무찌르고 우리를 그들에게서 해방시켜 참 자유를 누리게 해주신 진짜 장군〈구세주=메시아〉)라는 것을 믿으라는 말씀에 순종만 하면 되는데… 그분께서 다 해결해 주시고 우리들에게 다 해결됐다는 것을 믿으라고 하는데 사람들이 믿는다는 말은 하면서도 믿지를 않으니 하나님의 역사가 일어나지 않는 것입니다.

그러기에 계속 이런저런 문제들에게 공격을 받게 되고, 고통을 당하게 되고, 그러다가 지옥까지 가서 영원토록 벌(고통)을 받게 됩니다. 그러기에 예수가 그리스도라는 것을 진짜 제대로 알아야 하고, 알았으면 진짜 제대로 믿는(믿으라는 말씀에 순종하는) 것이 너무나도 중요합니다.

54

망령(亡靈)이
살아나게 해서는 안 된다

　망령(亡靈)이란 국어사전에서 '죽은 사람의 영혼을 가리키는 말, 또는 혐오스러운 과거의 잔재를 비유적으로 이르는 말'이라고 기록되어 있습니다. 그러니까 망령이 살아났다는 말은 죽은 줄 알았는데 다시 살아났거나, 시대가 흘러 많이 변했음에도 불구하고 혐오스러운 과거의 잔재를 다시 끄집어내서 사람들을 힘들게 하는 경우에 쓰는 말입니다.

　이 세상에 과거의 잔재를 끄집어내어 사람(교인)들을 힘들게 하는 종교지도자들이 있다는 것을 아십니까? 과거의 잔재(율법, 죄, 죽음, 지옥 문제를 비롯한 인생의 모든 문제=저주)를 끄집어내서 교인들을 힘들게 하는 종교지도자들이 있기에 하는 말입니다. 예수님께서 이미 다 끝내(정리해=해결해)주셨는데도 그들은 자꾸만 그런 짓을 하고 있습니다. 그것도 벌써 2000여 년 전에 다 끝내주셨는데 말입니다. 그렇게 해주신 증거가 있습니다. 그게 예수님의 '십자가 사건(피)'입니다.

예수님께서 십자가에 달려 죽기까지 하셔서 율법을 비롯한 죽음, 지옥 문제까지 한 마디로 인생의 모든 문제를 다 끝내주셨는데, 그러기에 그분이 우리의 구세주(메시아=그리스도)라는 것을 안 믿을 수 없는데, 예수가 그리스도라는 것을 믿는 믿음이 자기에게 주어졌다면(갈 3:23) 율법뿐만 아니라 죄 문제를 비롯한 인생의 모든 문제에서 자유한 '참 자유인'인데, 그리고 그렇게도 만나고 싶었던 하나님을 다시 만나 천국을 비롯한 하나님의 모든 보화를 소유한 '천국 백성'인데 말입니다.

그런 사람을 그리스도인(임마누엘인)이라고 하는데, 그러니까 그리스도인은 더 이상 문제 될 것도 없고, 더 이상 부족함도 없는 사람을 말하는 것인데… 그러기에 이 세상에서의 주어진 시간, 물질, 몸을 사람 살리는 일에 쓰게 되는 것인데… 돈, 명예, 권력 등 세상 것들을 낚는 어부가 아니라 사람 낚는 어부, 왕 같은 제사장, 천국 대사로서의 삶을 살게 된 것입니다.

우리들은 이미 그런 사람이 되어 그런 삶을 살고 있는데 자꾸만 거짓 종교지도자들이 이런 우리들을 향해 율법의 행함이 없으면 구원받지 못한다거나, 천국에 들어가지 못한다고 겁박합니다. 경찰이 그렇게 겁박하는 사람들을 잡아다가 감옥에 넣어야 하는데 이게 영적인 것이라서 경찰이 그렇게 하지 못하는 것입니다. 그런다고 영원히 그렇게 겁박을 하도록 내버려 두지는 않습니다. 예수님께서 다시 오시는 그날 그들은 율법대로 살지 못한 모든 죄에 대해 심판을 받게 됩니다. 결국 지옥행입니다. 거기 가서 이를 갈며 슬피 울게 됩니다.

왜냐면 예수님을 향해 "주여! 주여!"라고 부르고, 찬송도 하고, 주일도 잘 지키고, 헌금도 많이 하고, 봉사도 많이 하고, 귀신도 쫓아내는 능력을 행했는데 어느 순간 지옥에 처박히게 되니 얼마나 억울하겠습니까(마 7:21-23). 그러기에 이를 갈며 슬피 울게 되는 것입니다(마 25:30). 그들은 주여! 주여! 하며 그렇게 열심히 했으나 율법에 갇힌 자들이기에, 그리고 선악과 사건에 빠진 자들이기에 지옥으로 갈 수밖에 없습니다.

그러기에 인간으로 태어난 이상 반드시 선악과 사건(마귀에 의한 인간의 오리지널 죄, 창 3:1-6)과 율법에서, 그리고 율법대로 살지 못한 죄에서 해방되어야 합니다. 해방되어야 자유하게 됩니다. 이 자유가 '참 자유'입니다. 이 자유를 누리는 사람(참 자유인)들은 이렇게 말(노래)합니다. '그 어디나 하늘나라'라고(찬 438장)… 이렇게 사는 사람이 천국 백성입니다. 천국 백성이기에 지금부터 천국을 누리다가 장차 천국에 들어가는 것입니다. 천국 비자(예수님의 피)를 가지고 있기에 말입니다.

천국 비자를 우리에게 챙겨주시고 참 자유, 참 기쁨을 누리게 해주신, 그 어디서나 천국(하늘나라)을 누리게 해주신 분이 계십니다. 그분이 '예수'입니다. 그렇게 해주신 증거가 있습니다. 그게 '십자가 사건(피)'입니다. 그러기에 예수가 우리의 구세주(메시아=그리스도)라는 것을 안 믿을 수 없는 것입니다.

우리는 예수가 그리스도라는 것을 믿는 믿음의 사람(그리스도인)들이기에 앞에서 말한 대로의 그런 엄청난 복을 누리고 있는데, 우리는 이미 2000여 년 전에 개혁된 새로운 법(히 9:10-12), 즉 예수가 그리스도라는 것을 믿으면 구원받게 된다는 생명의 성령의 법(롬 8:2), 믿음의 법(롬 3:27)에 순종하여 앞에서 말한 그런 엄청난 복을 누리고 있는데 자꾸만 이런 우리들을 향해 율법(옛 법)의 행함이 없으면 구원받지 못한다거나, 천국에 들어가지 못한다는 말을 하는 자들이 있으니 참으로 한심하기 짝이 없습니다.

그것은 마치 박정희 (전)대통령 시대 때의 유신헌법을 다시 끄집어내서 지금의 한국 국민에게 적용하려 하는 것과 같은 것입니다. 개혁된 새로운 헌법에 따라 자유를 누리고 있는 국민에게 과거의 그런 악법을 끄집어내서 힘들게 한다면(억압한다면) 사람(국민)들이 가만히 있겠습니까? 더군다나 지금은 박정희 (전)대통령도, 유신헌법도 다 지나간 옛사람이요, 다 지나간 옛 법인데 그런 법을 들고나와서 백성들을 힘들게 한다면 백성들이 가만히 있겠습니까?

박정희 (전)대통령이 다시 살아나서 그 법을 들고나와도 이제는 백성들이 가만히 있지 않을 것입니다. 그렇게 되면 망령이 살아났다고 난리가 날 것입니다. 지금 이 세상에 거짓 종교지도자들이 옛 법(율법)을 들고나와 사람(교인)들을 힘들게 하고 있는데도 그

힘든 것을 오히려 더 좋게 여기며 따라가기까지 하니 참으로 안타까운 일입니다. 이렇게 쉽게 설명해줘도 그들을 따라 가는 사람들이 있기에 하는 말입니다.

마귀가 거짓 종교지도자들과 하나님의 율법까지 동원해서 인간들을 힘들게 하고 있는데, 그들은 천사 같은 말을 하지만 망령을 되살리는, 즉 과거의 잔재(율법을 비롯한 인생의 모든 문제들)를 되살리어 교인들을 힘들게 하는 세상의 악한 정치 지도자들보다도 더 음흉하고 더 악한 자들이라는 것을 알고 절대 속지 마시기 바랍니다(고후 11:14). 나도 그런 거짓 종교지도자들에게 속고 살았던 적이 있습니다.

찬송가 544장에 "울어도 안 되고, 참아도 안 되고, 말과 뜻과 행실을 깨끗하고 착하게 해도 구원받지 못한다고… 천국에 들어가지 못한다"고 기록되어 있는데도 나는 자꾸만 그들의 가르침대로 도덕적인, 율법적인 방법으로 구원받으려고 애를 썼던 것입니다. 율법을 따라가면 사망에 이르게 된다고 하나님께서 말씀하셨는데도 말입니다(롬 7:10). 그리고 찬송가 544장 4절에도 그리고 성경 곳곳에 예수가 그리스도라는 것만 믿으면 구원(영생)받는다고 기록되어 있었는데도 말입니다.

그 율법(죄) 문제뿐만 아니라 오리지널 죄(선악과 사건)까지 다 해결해 주신 분이 예수님인데 말입니다. 그렇게 해결해 주신 증거가 십자가 사건(피)인데 말입니다. 그 피를 들고 하나님 앞에 나가기만 하면 되는데 말입니다. 그 피가 '천국 비자'인데 말입니다. 그래서 '예수의 피밖에 없네'라고(찬 252장)… 그래서 '죄에서 자유를 얻게 된 것은 보혈의 능력'이라고(찬 268장)… 그래서 '딴 길로 가지 맙시다'라고(찬 325장)… 그래서 '주 예수 보다 더 귀한 것은 없네'라고 노래하는 것인데 말입니다(찬 94장).

그렇습니다. 예수의 피밖에 없습니다. 그러기에 딴 길로 가서는 안 됩니다. "예수가 그리스도라는 것을 믿으면 구원받게 된다"는 이 말씀 이외의 말들은 전부 다 거짓말입니다. 거짓말을 전하는 자들은 전부 다 거짓 선지자, 거짓 종교지도자들입니다. 이들은 우리가 누리는 이 엄청난 자유를, 행복을 누리지 못하도록 훼방하기 위해 마귀로부터 파송된 거짓 선지자들입니다(갈 2:4, 유 1:10).

그러기에 절대로 속지 마시기 바랍니다. 속지 말라고 늘 "예수가 그리스도라는 것을 믿으라"는 말씀에 순종하라고 한 것입니다. 불순종하면 마귀에게, 그리고 마귀가 파송한 거짓 선지자들에게 속기 쉽습니다. 속는 순간 망령이 살아나게 됩니다. 그리되면 율법 문제뿐만 아니라 죽음문제를 비롯한 이런저런 인생의 문제들이 또다시 문제들로 보이게 되고, 그렇게 보이게 되니까 염려하게 되고, 속상하게 되고, 원망, 불평, 신경질, 짜증나는 지옥 같은 삶을 살게 됩니다.

그러기에 예수가 그리스도라는 것을 알았으면 반드시 그것을 믿으라는 말씀에 늘 순종(고백, 기도, 찬송, 전도)해야 합니다.
오직 예수! 오직 믿음! 오직 복음! 오직 순종! 샬롬!

55

세상에서 가장 행복한 빵

인기리에 방영된 드라마 '제빵왕 김탁구'에서 팔봉 선생이 김탁구에게 "세상에서 가장 행복한 빵을 만들라"고 했습니다. 어떻게 만들어야 그런 빵이 될 수 있을까요? 일등급 밀가루, 아니 특등급 밀가루를 사용하면 될까요? 팥을 많이 넣으면? 계란을 많이 넣으면 될까요? 우유를 많이 넣으면? 설탕을 많이 넣으면 될까요? 그렇게 해서 빵을 만들었다고 그게 세상에서 가장 행복한 빵이 되겠습니까? 그걸 먹으면 행복하겠습니까?

땅에서 나는 그런 것들로 만들어진 빵은 죽을 때까지 먹어봤자 절대로 행복해질 수 없습니다. 그런 빵뿐만 아니라 세상에 그 어떤 음식이라도 그리고 돈, 명예, 승진, 권력, 아니, 지구를 통째로 가졌다 해도, 솔로몬 왕처럼 세상 온갖 부귀영화를 다 누린다 해도 행복해질 수 없습니다. 또는 그보다 조금 고상한 공자 사상, 석가 사상을 비롯한 세상 사상(철학)이나, 말과 뜻과 행실을 깨끗하고 착하게 하는 것이나, 도덕이나 율법이나 그 어떤 것들로도 행복해질 수 없습니다.

그런 것(옷)들은 걸쳐봤자 무거운 짐만 될 뿐 행복해질 수는 없습니다. 인생을 사는 동안 수고하고 무거운 짐을 짊어지고 살다가 죽어 지옥으로 가고 맙니다(마 23:33). 그런 것들은 육신이 세상에 머무는 동안 약간의 유익이 있을 뿐입니다(딤전 4:8). 그렇다면 무슨 빵을 먹고, 무슨 옷을 입어야 진짜 행복할 수 있을까요? 땅(세상=선악과 사건이 터진 동네)의 것이 아닌 하늘의 것으로 먹고 입어야 합니다.

하늘로부터 온 빵과 옷이 있습니다. 그게 바로 '예수'입니다.
예수가 그리스도라는 말을 들어보셨죠? 그 말은 예수가 하늘로부터 온 우리 영혼의 생명의 빵이요, 우리 영혼의 옷이라는 말입니다. 이것을 먹고 입는 방법이 있습니다. 예수가 우리 영혼의 빵이요, 옷이라는 것을… 그래서 예수를 그리스도라고 한다는 것을 믿고 영접하면 그 순간 먹고 입게 됩니다. 영접하면 영적으로 그렇게 되게 되어있습니다. 하나님께서 그렇게 되게 하셨습니다.
영접한 후에도 '나는 하늘로부터 온 빵을 먹고, 옷을 입은 사람'이라는 것을 믿는 믿음에 늘 머물러 있어야 합니다(행 14:22). 그래야 임마누엘 동산에서의 삶(그 어디서나 하늘나라를 누리는 삶)이 계속됩니다. 믿음에 머물러 있지 않으면 어느새 선악과 사건이 터진 동네(세상)에 내려와서 문제들과 싸움을 하게 되고, 그로 인해 염려하고, 속상해하고, 우울해하고, 원망, 불평, 신경질, 짜증나게 되고, 지치고 병들게 됩니다.

그러기에 늘 예수가 그리스도라는 것을 믿는 믿음에 머물러 있어야 늘 성령 충만하게 되고, 늘 행복하게 됩니다. 도덕, 율법, 인과응보 사상(뭔가 잘못하면 나중에 안 좋은 일을 당하게 된다는 말)이나 세상 사상, 세상 종교, 죄, 마귀, 죽음, 지옥 문제를 비롯한 이런저런 인생의 모든 문제들에서 완전히 해방되어 참 자유를 누리게 되고, 하나님을 다시 만나 천국을 비롯한 하나님의 모든 것을 소유하고 누리게 됩니다.

한마디로 지금부터 영원히 영생의 존재로서 임마누엘 동산에서의 삶을 살게 되므로 행복해도 엄청난 행복을 누리게 되는 것입니다. 구원의 하나님(구세주=메시아=그리스도)이신 예수께서 십자가에서 살을 찢고 피를 흘리시기까지 하여 이런 엄청난 복을 챙겨주셨는데 사람(교인)들이 이런 내용에 대해 제대로 모르고 아직도 죄 문제를 비롯한 이런저런 문제들로 인해 염려하고, 속상해하고, 우울해하고… 세상 것을 더 많이 붙잡으려고, 더 높이 올라가려고 애를 쓰다가 하나님께서 챙겨주신 복도 못 누려보고, 사랑도 제대로 못 해보고 죽어갑니다.

그러기에 예수가 그리스도라는 것을 제대로 알아야 하고, 알았으면 그것을 믿으라는 말씀에 순종하는 것이 너무나도 중요한 것입니다. '나는 이미 하늘로부터 온 영생의 빵(요 6:48)을 먹었고, 또한 영원히 헤어지지 않는 정말 세상의 그 어떤 옷보다도 아름다운 그리스도의 옷(갈 3:27)을 입은 사람'이라는 것을 믿는 믿음에 늘 머물러서 지금부터 영원히 행복하시기 바랍니다. 샬롬!

56

무슨 일을 만나든지 평안할 수 있는 방법

"내 평생에 가는 길"이라는 찬송가(413장) 후렴에 "내 영혼 평안해"라는 가사가 나옵니다.

평안하십니까?

아직 어떤 문제가 있는데도 평안하십니까? 정말입니까? 억울한 일을 당하셨는데도 평안하다고 말할 수 있겠습니까? 사고가나서, 암에 걸려 죽을 판인데도, 집에 불이 나서 전 재산이 다 날아갔는데도 평안하다고 말할 수 있겠습니까? 은행 부도로 몇천만원씩 집어넣은 사람들이 돈을 못 찾게 되어 억울하다고 울고불고난리입니다.

그런 상황에 놓이게 됐어도 평안하다고 말할 수 있겠습니까? 정말 평안하다고 말할 수 있겠습니까? 정말 그렇게 말할 수 있다면 이 지구상에 여러분만큼 행복한 사람은 없을 것입니다. 여기에 우리들과 같이 행복한 사람이 있습니다.

"내 평생에 가는 길"이라는 노랫말을 만든 'H. G. Spafford'입니다. 그는 어느 날 외아들이 죽음문제를 만나게 되고, 또한 화재로 인해 전 재산을 잃게 됩니다.

휴가차 배를 탄 세 명의 딸들이 배가 침몰하는 바람에 다 죽게 됩니다. 연이어 그런 문제들을 만나게 됐음에도 그는 '내 평생에 가는 길이 순탄하며 잔잔한 강 같든지, 큰 풍파로 인해 무섭고 어렵든지, 그런 것과 상관없이 내 영혼이 평안함을 누린다'며 그래도 마음이 평안하다며 "내 영혼 평안해"라고 고백했던 것입니다.

선악과 사건이 터진 동네(세상)의 사람들은 죄와 마귀와 죽음, 지옥 문제를 비롯한 인생의 모든 문제를 시간표에 따라 만날 수밖에 없으며, 또한 어떤 문제만 만나면 염려하고, 속상해하며, 원망, 불평, 신경질, 짜증을 내며 아이코! 내 팔자야~ 라고 신세타령을 할 수밖에 없는 존재인데 Spafford는 어떻게 그런 고백을 할 수 있었겠습니까?

마음을 비우면 된다거나, 인내하면 된다거나, 도덕이나 율법이나 말과 뜻과 행실을 깨끗하고 착하게 해야 한다거나, 고행을 수반한 종교행위를 통해 그렇게 된 것이 아니라 예수님께서 죄와 죽음문제를 비롯한 인생의 모든 문제를 해결해 주셨다는 것을… 그렇게 해주신 증거가 예수님이 당하신 십자가 사건(피)이라는 것을… 그러기에 예수가 그리스도라는 것이 믿어지는 믿음을 가졌기 때문입니다. 즉 "예수가 그리스도라는 것을 믿으라"는 말씀에 순종했기 때문입니다.

그러니까 예수가 그리스도라는 것을 제대로 알고 믿는 믿음 이 것 하나만 있으면, 즉 "예수가 그리스도라는 것을 믿으라"는 말씀에 순종하기만 하면 그렇게 돼버리는 것입니다. 그러기에 하나님께서는 우리들에게 무엇을 어떻게, 어렵게 해야만 된다고 하신 것이 아니라 예수가 그리스도라는 것만 믿으면 그 믿음을 보시고 그런 사람이 되게 만듭니다. 이것이 하나님의 능력입니다.

순종하면 그런 하나님의 능력이 자기에게 임하게 되므로 문제가 문제로 안 보이게 되고, 그러기에 자동으로 염려하거나 속상하지 않게 되는 것입니다. 그렇게 되므로 무화과나무에, 포도나무에 아무 열매가 없어도, 외양간에 양과 소가 없어도, 한마디로 먹을 것, 입을 것, 세상 것, 아무것도 없어도(합 3:17-19), 쌀독에 쌀이 없어도, 지갑에 돈이 없어도, 그 어떤 억울한 일을 당해도 룰루랄라, 즉 노래하고 춤추게 되는 것입니다.

이런 엄청난 복을 누리게 해주시려고 예수님께서는 그 엄청난 십자가 사건(피)을 당하셨습니다.

그런 예수님을 어찌 찬양하지 않을 수 있겠습니까.

그래서 Spafford처럼 노래하게 되는 것입니다.

"내 평생에 가는 길~ 순탄하여~
늘 잔잔한 강 같든지~
큰 풍파로 무섭고 어렵든지~

나의 영혼은 늘 편하다~

내 영혼 평안해~ 내 영혼 내 영혼 평안해♬~~~"

이런 새 사람으로 거듭나게 해주신 예수님을 노래할 때 막혔던 것이 뚫리는 역사, 맺혔던 것이 풀리는 역사, 어두웠던 마음이 환해지는 역사, 마음의 병, 육신의 병도 치유되는 역사가 일어나는 것입니다. 삶의 현장에서 Spafford처럼 늘 예수가 그리스도라는 것을 노래하고 전하여 평안(천국)을 누리시고 또한 상급도 많이 받으시기 바랍니다.

57

아직도 잘 안 된다고?

아직도 잘 안 된다고요?

아직도 자꾸만 넘어진다고요?

그리스도이신 예수님과 3년 동안 합숙했던 제자들도 처음부터 잘 된 게 아니었으니까 너무 낙심하지 마시기 바랍니다. 예수님께서 제자들과 합숙하는 동안 '그냥 나를 믿으라'가 아닌 믿을 수밖에 없는 이런저런 기적들을 보여 주셨는데도 3년 마지막 날(예수님께서 잡혀가시던 날) 제자들이 다 도망을 가버렸습니다.

예수님께서 잡혀가시기 훨씬 전에 그 예수님을 향해 "주(예수)는 그리스도(메시아=구세주)이십니다"라고 고백했던(마 16:16) 베드로! "다른 사람들은 예수님을 버려도 나는 그러지 않겠다"고 고백했던(마 26:33) 그 베드로마저도 사람들 앞에서 세 번이나 "예수님이 누군지 모른다"고 하더니 결국 다시 물고기 잡는 일(원래 하던 일=세상일)을 하러 가고 말았습니다(물론 예수님의 승천 사건 후 성령이 그에게 임하게 되자 사람 낚는 어부가 됐습니다만).

오늘날도 예수가 그리스도라는 걸 안다고 하지만 그때 그 제자들처럼 그런 수준에 머물러 있는 사람(교인)들이 많습니다. 예수에 대해 알기는 아는데 예수가 그리스도라는 것을 확실히 알지 못하고 예수 얘기를 하는 아볼로 수준의 사람들이 많다는 말입니다(행 18:24-26). 예수가 그리스도라는 것을 제대로 알고, 제대로 믿고 영접하면 성령이 임하게 돼서 베드로처럼 거듭난 사람(물고기 잡는 어부가 아닌 사람 낚는 어부)이 될 텐데 말입니다(행 2:1-41).

그러기 위해서는 예수가 그리스도라는 것을 이 모양, 저 모양으로 얘기해 주는 이런 말씀을 들어야 합니다. 내가 이렇게 이 모양, 저 모양으로 예수가 그리스도라는 것을 영혼의 피부로 느낄 수 있도록 해주면 감사히 받아먹으면 좋으련만 '나도 그런 것쯤은 안다' '그건 기초 중의 기초다'라며 비웃는 사람들도 있고 심지어 이런 나를 욕하는 사람들도 있습니다. 그렇게 말하는 것 자체가 아직 예수가 그리스도라는 것을 모르고 있다는 증거입니다. 그러기에 자꾸만 넘어지고, 잘 안 되는 것입니다.

예수가 그리스도라는 것을 진짜 제대로 알고, 진짜 제대로 믿는 믿음의 사람(그리스도인)들은 예수가 그리스도라는 말만 들어도 영혼이 기뻐 춤을 춥니다. 그리스도 안에 우리가 해결하고자 하는 죄 문제를 비롯한 인생의 모든 문제의 답이 들어있고, 우리가 얻고자 하는 영생은 물론 천국을 비롯한 하나님의 모든 것(보화)이 다 들어있다는 것을 알았기에, 그래서 더 이상 문제 될 것도 없고, 더 이상 부족함이 없는 새로운 피조물(새 사람, 하나님의 자녀, 왕 같은 제사장, 천국 대사, 사람 낚는 어부)로서의 새로운 삶(문제들을 밟고 다니며 이 세상에서의 주어진 시간, 물질, 몸을 사람을 살려내는, 즉 사람 낚는 어부의 삶=그 어디서나 하늘나라를 누리는 복된 삶)을 살고 있기에 말입니다.

예수님께서 그 엄청난 십자가 사건(피)을 통해 우리를 그렇게 엄청난 사람으로, 또한 그런 엄청난 복된 삶을 살게 해주셨기에 입만 열면 예수가 우리의 구세주(메시아=그리스도)라는 것을 노래(고백, 기도, 순종, 찬송, 전도)하는 것이고, 또한 예수가 그리스도라는 말만 들어도 너무너무 기쁜 것입니다.

쌀독에 쌀이 없는 문제를 만나도, 지갑에 돈이 없는 문제를 만나도, 외양간에 소가 없는 문제를 만나도, 세상이 뒤집어지고 폭발하는 문제를 만나도 그런 것과 상관없이 항상 기뻐하며, 범사에 감사하며, 쉬지 않고 기도(순종, 찬송)하게 되는 것입니다(합 3:17-19, 살전 5:16-18). 우리(내)가 이 세상에 발을 딛고 있지만 이 세상 사람이 아니라 천국 백성(천국 대사)이라는 것을 알기에 선악과 사건이 터진 동네(세상)의 아담 안에서 태어난 나는 이미 죽었다는 것을 알기에(예수님의 십자가 사건 때) 말입니다.

아담에게 주어진 죽음문제를 비롯한 인생의 모든 문제(저주=십자가)도 다 죽은(해결된, 끝난) 문제라는 것을 알기에 교인들이 제일 어려워하는 율법 문제까지 다 해결된 것을 알기에 그리고 예수 안에서 다시 거듭난 내가 진짜 '나(참 자기=새로운 피조물=새 사람)'라는 것을 알아버렸기에 이미 임마누엘 동산에 들어와서 이렇게 엄청난 복을 누리고 사는 삶이 진짜 '나의 삶'이라는 것을 알아버렸기에, 이 세상에 발을 딛고 있는 이 몸은 썩어 없어질 순간을 기다리고 있다는 것을 알아버렸기에, 그 순간까지 예수가 그리스도라는 것을 전해주는 전도자(사람 낚는 어부)라는 것을 알아버렸기에 항상 기뻐하고 범사에 감사할 수밖에 없는 것입니다.

예수가 그리스도라는 것을 믿는 우리는 이런 사람입니다. 이런 사람이라는 것을 진짜 제대로 알았다면 무엇이 문제 될 것이 있겠으며, 무엇이 부족하겠습니까? 만약 아직도 그런 사람이 됐다는 것을 모르거나, 알아도 안 믿어진다면 말씀을 더 들어야 합니다. 세상의 말들은 그만 듣고 하나님의 말씀을 들어야 합니다. 들어야 믿음이 생기게 되기에 하는 말입니다(롬 10:17).

하나님으로부터 택함을 받은 사람이라면 예수가 그리스도라는 말씀을 듣게 되어있고, 듣다 보면 예수가 그리스도라는 것이 믿어지는 믿음이 하나님으로부터 선물로 주어지게 되어 있기에(갈 3:23, 엡 2:8) 어린아이가 엄마 젖을 사모하는 것처럼 그렇게 간절한 마음으로 기도하며 들어야 합니다. 간절히 구하는 자에게 하나님의 은혜(예수가 그리스도라는 것이 깨달아지고 믿어지는 믿음이 주어짐=이것이 선악과 사건이 터진 동네의 인간들에게 주어진 최고의 복)가 임합니다.

그동안 다른 말은 많이 들었으니까 이제는 '예수가 그리스도'라는 하나님의 말씀을 들으시기 바랍니다. 그래야 나처럼, 사도 바울처럼 그리스도 안에 들어있는 무궁무진한 것들을 누리며 기뻐하고 늘 영적인 세계를 바라보며 세상 것들을 보는 순간 영적인 것으로 연결되고(겹쳐보이게 되고), 그러기에 자꾸만 이런저런 비유로 예수가 그리스도라는 것을 전하게 되고, 그렇게 해서 열매들이 주렁주렁 열리게 되기에, 물고기를 잡는 세상 어부들의 기분과는 비교할 수 없는 사람 낚는 어부로서의 엄청난 기쁨을 맛보게 하신 하나님께 또 감사하며 룰루랄라의 삶을 살게 되는 것입니다.

그러니까 '나도 그런 것쯤은 안다' '그건 기초 중의 기초다'라는 그런 교만한 말은 그만하고 자꾸 들어보시기 바랍니다. 그러다가 어느 날 예수가 그리스도라는 것이 믿어지는 믿음이 자기에게 오게 되면(갈 3:23) 아하! 이걸 말했구나! 그래서 사도 바울이나 정원기 목사가 입만 열면 예수가 그리스도라는 것을 말했구나! 라고 간증하게 됩니다.

그렇게 살고 싶으면 예수가 그리스도라는 것을 제대로 듣고 알아야 하고, 또한 믿고 영접한 후에도 늘 예수가 그리스도라는 것을 믿는 믿음에 머물러 있어야 합니다(행 14:22). 그리스도를 통해 우리가 앞에서 말한 그런 엄청난 복을 누리고 있다는 것을 믿는 믿음에 늘 머물러 있어야 합니다. 왜냐면 우리가 아직 몸이 썩지 않아서 이 세상에 발을 딛고 있기 때문입니다. 이 세상에 발을 딛고 있는 그 몸이 자기인 줄 알고, 또한 그런 자기에게 밀려오는 문제들이 자기 문제들인 줄 알고 속기 쉽기 때문에 하는 말입니다.

그렇게 되면 이미 예수 안에서 해결돼버린 죄, 마귀, 죽음문제를 비롯한 이런저런 인생의 모든 문제들이 문제들로 여겨지게 되고, 그러기에 염려하게 되고, 속상하게 되고, 우울해지고, 원망, 불평, 신경질, 짜증나는 삶을 계속해서 살게 되기 때문에 하는 말입니다. 그러다 보면 정신적으로나 육신적으로 스트레스를 받아서 지치고 병들어 스스로 망가지기 때문에 하는 말입니다.

이미 예수님께서 그 엄청난 십자가 사건(피)을 통해 다 해결해 주시고 지금부터 영원히 그 어떤 환경에서나, 그 어디서나 하늘나라(천국=참 평안)를 누리라고 하시는데(찬 438장), 예수님께서 그렇게 해주셨다는 것을 믿으라는 말씀에 순종하면 그 어디서나 하늘나라를 누리게 되는데, 순종을 하지 않기 때문에 자꾸만 넘어지는 것이고 자꾸만 잘 안 되는 것입니다. 그래서 예수가 그리스도라는 말씀을 자꾸 들어야 하고, 들었으면 그것을 믿으라는 말씀에 순종하는 것이 너무나도 중요합니다. 하나님의 역사(그 어디서나 하늘나라를 누리게 되는 일)는 순종할 때 일어나기 때문에 하는 말입니다.

예를 들어 죄 문제 때문에 괴롭고 힘들다고 합시다. 그러면 그 죄 문제를 해결해야 마음이 편해질 것 아닙니까? 그러면 무슨 재주로 그 죄 문제를 해결할 수 있겠습니까? 도덕으로? 율법으로? 말과 뜻과 행실을 깨끗하고 착하게 해서? 고행으로? 각종 종교행위로? 미안하지만 율법을 비롯한 세상의 그 어떤 법이나 그 어떤 행위로도 해결할 수 없습니다(롬 3:27). 그런데 그 죄 문제를 해결해 주신 분이 계십니다. 그것도 어느 한 가지 죄뿐만 아니라 사는 동안 지은 모든 죄를 다 해결해 주신 분이 계십니다. 선악과 사건이라는 오리지널 죄와 율법대로 살지 못한 모든 죄를 해결해(용서

해) 주신 분이 계십니다.

그분이 바로 '예수'입니다. 해결해 주신 증거가 있습니다. 그게 '예수님의 십자가 사건(피)'입니다. 그러기에 예수가 우리의 구세주(메시아=그리스도)라는 것을 안 믿을 수 없습니다. 즉 그리스도이신 예수께서 우리의 모든 죄를 다 해결해 주셨다는 것을 안 믿을 수 없는 것입니다. 죄 문제뿐이겠습니까? 오리지널 죄로 인한 죽음문제를 비롯한 인생의 모든 문제를 다 해결해 주셨다는 것을 안 믿을 수 없는 것입니다. 십자가 사건(피)이라는 그 엄청난 증거가 있는데 어찌 안 믿을 수 있겠습니까?

그런데도 안 믿는 사람들이 있습니다. 그렇게 믿으면 된다고 해도 믿으라는 말씀에 순종하지 않는 사람들이 있다는 말입니다. 순종하지 않으면 하나님의 역사는 절대로 일어나지 않습니다. 그러기에 잘 안 되고, 잘 넘어지는 것입니다. 무슨 일을 만나든지 만사형통이 아니라 만사불통이 되는 것입니다. 그러니까 아직도 잘 안 되고, 잘 넘어지는 이유는 다른 데 있는 것이 아니라, 즉 어떤 환경이나, 어떤 사람에게 있는 것이 아니라 첫째는 예수가 그리스도라는 것을 몰라서 그런 것이고, 둘째는 예수가 그리스도라는 것을 알았다 해도 그것을 믿으라는 말씀에 순종하지 않아서 그런 것입니다.

지금 넘어져 있습니까? 잘 안 되고 있습니까? 문제가 문제로 보입니까? 그래서 염려되고 속상하십니까? 그런 상태라면 다른 이유가 있어서가 아니라 "예수가 그리스도라는 것을 믿으라"는 말씀에 순종하지 않아서 그런 것입니다. 지금 당장 "예수가 그리스도라는 것을 믿으라"는 말씀에 순종해보시기 바랍니다. 그리하면 지금 당장 하나님의 놀라운 역사를 체험하게 될 것입니다. 체험하게 되므로 왜 예수가 그리스도라는 얘기를 자꾸 강조하고 있었는지도 알게 될 것입니다.

그런 후 그대도 나처럼 자꾸만 예수가 그리스도라는 것을 얘기하게 될 것입니다. 입만 열면 그렇게 됩니다. 예수가 그리스도라는 것을 아는 사람은 예수가 그리스도라는 말만 들어도 기쁘게 되어있고, 그 말에 아멘으로 화답하게 되어있고, 그 말에 서로 끌어안고 진짜 형제자매의 정을 나누게 됩니다. 예수가 그리스도라는 것을 제대로 알고, 그것을 믿으라는 말씀에 순종하면 그렇게 됩니다. 샬롬!

58

고이

일본인들이 많이 기르는 관상어 중에 '고이'라는 잉어가 있습니다. 이 잉어를 작은 어항에 넣어두면 5~8cm 정도밖에 자라지 않습니다. 그런데 큰 수족관이나 연못에 넣어두면 15~25cm까지 자라고, 강물에 던져두면 90~120cm까지 자랍니다. 어떤 환경에 놓이느냐에 따라 이렇게 엄청난 차이가 납니다.

우리도 영적으로 어떤 환경에 놓여 있느냐에 따라 엄청난 차이가 있습니다. 우리가 일단 태어나면 선악과 사건(마귀와 죄 문제)이 터진 동네(세상)입니다. 이 환경에 그대로 있으면 작은 어항 속의 고이처럼 그런 난쟁이, 앉은뱅이밖에 안 됩니다. 문제만 만나면 염려하고 속상해하며 원망, 불평, 신경질, 짜증을 냅니다. 염려하되 가불까지 해서 염려합니다. 생각하는 게 너무 좁고 작습니다. 이게 영적 앉은뱅이라는 증거입니다.

그리고 그 환경에서 벗어나 보려고 도덕이나 율법이나 철학이나 종교나 그 어떤 행위를 하는 그런 동네(선악과 사건이 터진 동네=세상)에, 그런 환경에 놓여도 큰 수족관이나 연못 속의 고이 밖에 안 됩니다. 물론 작은 어항 속(환경)의 고이 보다는 좀 더 나아 보입니다. 그러나 강물 속의 고이에 비하면 새 발의 피도 안 됩니다. 드넓은 강물 속(환경)에서 마음껏 나래를 펴고 자유하게 룰루랄라 신나게, 즐겁게 살 수 있는 방법이 있습니다. 커도 엄청나게 커서 자로 잴 수도 없을 만큼의 사람이 될 수 있는 방법이 있다는 말입니다.

즉 그리스도의 장성한 분량에 이르게 되는 방법이 있다는 말입니다(엡 4:13). 예수가 그리스도라는 것을 깨닫고 그것을 믿으라는 말씀에 순종하면 그렇게 됩니다. "예수가 그리스도라는 것을 믿으라"는 말씀에 순종하면 그리스도의 영(성령)이 임하고, 자기 자신이 그 그리스도 안에 놓이게 됩니다. 저 세상 강물이나 바다나 도덕이나 율법이나 철학이나 종교의 세계보다도 아니, 전 우주보다도 더 넓은 환경인, 더 좋은 환경인 그리스도 안에 놓이게 되므로 너무나 엄청나서 말로 다 형용하지 못합니다.

그리스도 안에 들어와 보면 왜 세상 사람들이 그러고 사는지가 보입니다. 그렇게 살다가 지옥으로 가는 것이 보입니다. 문제만 만나면 염려하고 속상해하며 원망, 불평, 신경질, 짜증 내다가 정신적으로나 육신적으로 더 지치고 병드는 것이 보입니다. '저러다가 더 큰 문제를 만나게 되겠구나'가 보입니다. 그런 인생에서 벗어나 보려고 도덕이나 율법이나 철학이나 각종 종교행위를 하고 있는 것이 보입니다. 그런 것들이 좋아 보이나 사망에 이르게 된다는 것이 보입니다(롬 7:10). 공자나 석가도 왜 그런 삶을 살다가 갔는지 보입니다. 사람들이 하는 걸 보면, 사는 걸 보면 작은 어항 속의 '고이' 신세임이 보입니다.

그런 신세가 된 이유가 선악과 사건(오리지널 죄)이라는 것이 보입니다. 나도 예수가 그리스도라는 것을 제대로 깨닫지 못하고, 또한 그것을 믿으라는 말씀에 순종하지 않았을 때 그런 삶을 살았기에 잘 압니다. 그래서 이런 말을 하는 것입니다.

그러기에 그냥 예수, 예수하지 말고 진짜 예수가 누군지에 대해, 즉 예수가 그리스도(마귀와 죄와 죽음문제를 포함하여 작은 어항 속에서 도덕, 율법, 철학, 종교행위 등을 통해 살아보겠다고 몸부림치다가 죽어 지옥으로 갈 수밖에 없는 우리를 구원하신 하나님, 한마디로 인생의 모든 문제의 근본 원인인 선악과 사건을 해결하신 구원의 하나님=구세주=메시아)라는 것에 대해 제대로 알아야 하고, 알았으면 예수가 이렇게 해주신 분(그리스도)이라는 것을 믿으라는 말씀에 순종해야 합니다.

그분께서 선악과 사건이 터진 동네(세상)의 작은 어항 속에 갇혀 그런 삶을 살다가 지옥 불구덩이 속에 던져지고 말 우리들을 엄청나게 넓은 환경(임마누엘 동산=그리스도 안=천국)으로 옮겨주신 증거가 있습니다. 그게 십자가 사건(피)입니다. 예수님께서 십자가 사건을 당하시기까지 해서 우리를 건져 내놓으셨는데 사람들이 제대로 알지도 못하고, 알아도 "예수가 그리스도라는 것을 믿으라"는 말씀에 순종을 안 합니다.

그러니까 지금 사람들이 무엇을 알아야 하고, 무엇에 대한 순종이 순종인지를 모르고 살고 있습니다. 그냥 "이것 주세요, 저것 주세요"라며, 무엇을 먹을까? 무엇을 입을까?에 대한 경제적인 문제만 해결하면 되는 줄 알고 그렇게 땅(세상)의 것만 구하고 있습니다. 경제(돈)뿐만 아니라 지식이나 승진이나 명예나 권력 등 세상 부귀영화를 다 얻어봤자 결국 작은 어항 속의 삶인데 말입니다.

그 작은 어항 속에만 있지 말고 너무나도 깊고 넓어 측량할 수 없는 그리스도 안으로 들어오면 되는데… 그리하면 사도 바울처럼, 나처럼 이렇게 알게 되고, 누리게 되고, 전하게 되는데… 말로만이 아닌 실제로 왕 같은 제사장 신분과 권세를 누리게 되는데(벧전 2:9)… 너무나 감사해서 늘 예수가 나의 그리스도이심을 노래하게 되는데(시 23:1)… "예수가 그리스도라는 것을 믿으라"는 말씀에 순종하여 이 엄청난 자유, 기쁨, 만족, 평안, 이 엄청난 복을, 복의 본체이신 하나님을 누리시길 축복합니다. 샬롬!

59

생각(사상)에서의 자유

사람이 생각에서 자유하지 못하면 불행한 삶을 살게 됩니다. 어떤 문제를 만나게 됐을 때 그 문제 때문에 불안해하고, 염려하고, 속상해하고, 원망, 불평, 신경질, 짜증을 내게 된다면 생각에서 자유하지 못하다는 증거입니다.

예를 들어 어느 날 암 문제를 만나게 됐을 때 그 암 문제 때문에 '이제 죽게 되었구나'라는 생각에 사로잡히게 됩니다. 그건 불안한 상태의 생각입니다. '이제 어떻게 해야 하나?'라는 생각에 사로잡히게 됩니다. 그건 염려하는 상태의 생각입니다. '내가 전생에 무슨 죄가 있다고 이런 일이 생긴단 말인가?' '내가 남에게 큰 피해 안 주고 나름대로 선하게 살았는데 왜 내게 이런 병이 걸린단 말인가?' '정말 미치고 환장하겠네'라고 한다면 그건 속상한 상태의 생각입니다.

어떤 일로 죄를 지은(죄 문제) 경우에도 마찬가지입니다. '그 죄 문제 때문에 지옥 불구덩이 속에 처박힐 게 아닌가?'라는 생각에 사로잡히면 그건 불안한 상태의 생각입니다. '내가 죄를 지었으니 하나님께 징계를 받게 될 거야. 이제 어떡하지?'라는 생각(인과응보 사상)에 사로잡히면 그건 염려하는 상태의 생각입니다. 그 죄 문제 때문에 자기 자신을 책망하며 괴로워하며 '정말 미치고 환장하겠네'라는 생각에 사로잡히면 속상한 상태의 생각입니다.

인간은 이렇게 어떤 문제든지 문제를 만나게 되면 그런 생각에 사로잡힙니다. 뿐만 아니라 공자 사상, 석가 사상 등 세상의 모든 사상(개똥철학)에 사로잡혀 그런 사상에 지배당하고 삽니다. 지배당한다는 것은 그런 생각, 그런 사상에 종노릇 하고 있다는 말(증거)입니다. 그러기에 생각에서 자유하지 못합니다. 생각이라는 그물에 자기가 갇혀 꼼짝달싹 못 합니다. 인간의 힘으로는 한 발자국도 그런 생각의 그물에서 나올 수 없습니다.

나이를 먹어 가면 갈수록 더더욱 그런 생각 속에 사로잡히게 됩니다. 그런 생각의 그물 속에, 터널 속에 더더욱 깊숙이 갇힙니다. 그런 생각 속에 갇힌 상태가 지속되면 정신적으로나 육신적으로 더 지치고 병듭니다. 그런 생각 속에 갇히는 것이 지옥입니다. 그런 지옥 생활을 하다가 예수님께서 다시 오시는 날(재림사건) 진짜 지옥 불 못에 던져져 영원히 고통(벌)을 받게 됩니다. 그런데 그런 생각의 그물 속에서, 터널 속에서 벗어나 자유할 수 있는 방법(길)이 있습니다. "예수가 그리스도라는 것을 믿으라"는 말씀에 순종하면 됩니다.

예수가 그리스도라는 말은 예수님이 바로 그런 생각의 그물에 갇혀 그런 생각에 지배를 당하다가 죽어 지옥으로 갈 수밖에 없는 나를 해방시켜(건져내) 자유케 해주신 구원의 하나님(구세주=메시아)이라는 말입니다. 그런 생각에 사로잡혀 죽어 지옥 갈 수밖에 없는 근본적인 이유가 선악과 사건(죄)인데 그 사건에 빠진 나를 건져내 자유케 해주신 사건이, 증거가 있습니다. 그게 그분이 당하신 십자가 사건(피)입니다. 그렇게 확실한 증거가 있는데 어찌 안 믿을 수 있겠습니까. 믿을 수밖에 없습니다.

그래서 예수가 그리스도라는 것이 믿어지는 믿음에 머물러 있게 됩니다(행 14:22). 늘 "예수가 그리스도라는 것을 믿으라"는 말씀에 순종하게 됩니다. 순종하는 이것이 믿음의 행위(내적 행위=하나님께서 인정해 주시는 영적 행위)입니다. 우리가 하나님 앞에서 "예수가 그리스도라는 것을 믿으라"는 말씀에 순종하는 것이 최고로 아름다운 행위입니다. 이것보다 아름다운 행위는 없습니다. 우리의 이런 아름다운 행위(믿음) 위에 하나님의 전능하신 역사(생각에서 자유케 되는 놀라운 일)가 일어납니다.

그동안 이런 내용도 모르고 살다 보니 지치고 병든 영과 혼(정신)과 육신이 치유되고 강건해집니다. 그러기에 생각(사상)에서의 자유를 누리는 자가 최고로 행복한 사람입니다. 이렇게 생각에서의 자유를 누리게 해주신, 그래서 그리스도라고 하는 예수를 늘 노래하며 살게 됩니다. 그러므로 하나님께서 지으신 목적에 합당한 삶을 사는 것이며(사 43:21), 자기에게 주어진 시간, 물질, 몸을 사람 살리는 일(사람 낚는 어부의 삶=왕 같은 제사장의 삶)에 쓰게 되므로 상급까지 받게 됩니다(계 22:12). 당신은 생각(사상)에서 자유하십니까?

60

세 종류의 사람

세상에는 '과거지향적인 사람' '현실영합적인 사람' '미래지향적인 사람' 이렇게 세 종류의 사람들이 있습니다. 이걸 다른 말로 '바리새인' '사두개인' '그리스도인'이라고 합니다. 자기가 과거지향적인 사람이라면 바리새인에 속합니다. 바리새인은 무엇을 하든지 모세(이집트의 바로 왕 밑에서 430년간 노예 노릇 하던 이스라엘 백성들을 구원한 자=하나님께서 모세를 통해 구원하신 것임)의 말에 따라 움직입니다. 구세주(메시아=그리스도)이신 예수보다 모세(공자나 석가 등)를 최고로 여깁니다. 율법(공자나 석가 사상 등, 각종 종교 교리)만이 최고라는 생각에 사로잡혀 있습니다.

이미 예수님께서 십자가 사건(피)을 통해 율법(세상 모든 사상)에 대해 마침표를 찍어놓으셨는데도(롬 10:4) 그들은 옛것(율법, 세상 것들)을 붙잡고 한 발짝도 앞으로 나가지 못합니다. 도덕이나 율법이나 종교행위를 잘해야 한다거나 마음수련, 고행 등 말과 뜻과 행실을 깨끗하고 착하게 해야 한다는 생각에서 한 발짝도 앞으로 못

나갑니다. 그게 참 좋아 보이나 사망(지옥)에 이르게 된다는 걸 모릅니다(롬 7:10).

나이가 들어갈수록 더더욱 그런 체질이 되어, 즉 율법 선생, 세상 사상의 선생이 되어 '어험!'하며 어른 대접, 선생 대접받기를 좋아합니다. 예수가 그리스도라는 것을 제대로 모르는 목사나 신부들도 여기에 속합니다. 이런 사람들은 구더기가 무서워 장도 못 담급니다. 법(틀)에 매여 융통성이 없고, 도전적, 적극적이지도 못하고… 이러다가 어찌 되지나 않을까, 안 좋은 일을 당하지나 않을까 불안해하며, 염려하고 속상해하며, 원망, 불평, 신경질, 짜증을 잘 내고, 자기 자신도 힘든 삶을 살며, 자기 자신뿐만 아니라 다른 사람들을 향해 정죄하기 좋아합니다. 이런 사람들을 '과거지향적인 사람(바리새인)'들이라고 합니다.

다음으로는 현실영합주의 자에 속하는 '사두개인'입니다. 이들은 내세(천국과 지옥)도, 부활도 없다고 말합니다. 그냥 한번 왔다가 가는 인생이라 여깁니다. 저 들에 피어난 꽃들도 지고 나면 다시 피는데 하물며 만물 중의 으뜸이고, 게다가 영이신, 영생 그 자체이신 하나님의 형상을 입은 참으로 귀한 존재들인 인간에게 있어서 지고 나면 다시 피는 역사가 없겠습니까. 사람에게 있어서 내세나 부활이 없다면 곧 미래에 대한 비전이 없는 것입니다.

미래에 대한 비전이 없기에 이 땅에서 잘 먹고, 잘 입고, 잘 살면 된다는 생각에 현실과 아주 타협을 잘합니다. 명리학이나 귀신들린 점쟁이를 찾아가 점을 치고 굿을 하고, 무슨 수를 써서라도 더 많이, 더 높이 올라가려고 하는 출세지향주의자들 입니다. 이 세상 우주 만물의 창조주이신, 또한 천국의 주인이신 예수님께서 선악과 사건(마귀와 죄 문제)에 빠져 아무것도 모르고 살다가 죽어 지옥으로 갈 수밖에 없는 우리를 그 엄청난 십자가 사건(피)을 통해 건져내 주셨는데… 그러기에 예수가 우리의 구세주(메시아=그리스도)인데… 예수가 그리스도라는 것을 믿고 영접하라는 말씀(복음)에 순종하면 건져지는 놀라운 일이 일어나는데 사람들이 그 말씀에 순종하지 않습니다.

순종하지 않으면 지옥(악한 자들=죄인들=마귀에게 속한 자들, 즉 예수가 그리스도라는 것을 믿고 영접하라는 말씀에 불순종한 자들이 영원히 벌 받는 곳=내세)으로 가고 마는데… 그러기에 복음에는 순종해야 하는데… 순종하면 지금부터 영원히 그 어디서나 천국(비록 도덕이나 율법대로 살지 못한 죄인이라 해도 예수가 그리스도라는 것을 믿고 영접하라는 말씀에 순종하여 의인이 된 자들이 하나님을 다시 만나 영생을 비롯한 하나님의 모든 것을 누리는 곳=내세)을 누리게 되는데 말입니다.

이렇게 엄청난 복을 누리게 해주신 그분, 그 하나님의 이름이 '예수'인데… 예수라는 이름의 뜻이 그런 구원의 하나님이라는 뜻인데… 그리고 그 예수가 그리스도(메시아=구세주=구원의 하나님)라는 증거로 다시 사셨는데…그게 예수님의 부활 사건인데… 하나님이 사람의 모습으로 오신 '성육신 사건'… 하나님이 선악과 사건(죄)에 빠진 우리를 건져내시기 위해 당하신 '십자가 사건'… 하나님이시기에 다시 사신 '부활 사건'… 하나님이 천국의 주인이시기에 천국으로 가신 '승천 사건'… 하나님이 성령으로 각 사람에게 임한 '오순절 사건(성령강림 사건)' 등이 너무나도 분명한 역사 그 자체인데 사람들이 그런 역사를 외면하고 있으니 어찌 이런 내용에 대해 사도 바울처럼, 나처럼 이렇게 알 수 있겠습니까.

성령이 임하지 않으면 절대로 이런 내용에 대해 알 수 없습니다. 그러기에 세상이 바리새인, 사두개인들로 넘쳐나고 있습니다. 그리스도(기독)교 안에도 이런 사람들이 많습니다. 껍데기만 그리스도인이지 실제로는 아닌 사람들이 많습니다.

다음으로는 미래지향적인 사람에 속하는 '그리스도인'입니다. 그리스도인이란 '그리스도+사람=그리스도인'이라는 말로서 예수가 누군지에 대해 확실히 알고, 즉 예수가 그리스도라는 것을 확실히 알고 그 예수를 그리스도로 믿고 마음속에 영접한 사람입니다. 영접한 후에도 늘 예수가 그리스도라는 것을 믿는 믿음으로 삽니다. 즉 "예수가 그리스도라는 것을 믿으라"는 말씀에 순종하고 삽니다.

예수가 그리스도라는 말은 한마디로 '예수께서 십자가 사건(피)을 통해 선악과 사건(죄)이 터진 동네(세상)의 죄인들인, 바리새인과 사두개인이었던 우리를 임마누엘 동산으로 건져내 주신 구원의 하나님'이라는 뜻입니다. 선악과 사건이 터지기 전에는 임마누엘(하나님이 우리와 함께하심) 그 자체였기에 아무 문제도, 아무 부족함도 없었습니다. 그러나 선악과 사건으로 인해 하나님을 떠나게 됨으로 죽음문제를 비롯한 이런저런 인생의 모든 문제를 당할 수밖에 없게 되었던 것입니다.

문제를 만날 때마다 그 문제로 인해 염려하고 속상해하고 우울해하고, 불안해하고, 원망, 불평, 신경질, 짜증을 내며 살다 보니 정신적으로나 육신적으로 지치고 병들어 죽어 지옥 불구덩이 속으로 던져지고 있습니다. 이런 동네(선악과 사건이 터진 동네=세상)의 우리를 임마누엘 동산으로 옮겨주셨으니 어찌 우리가 그 예수를 구세주(메시아=그리스도)라고 말하지 않을 수 있겠습니까. 십자가 사건(피)이라는 엄청난 증거까지 있는데… 예수가 그리스도라는 것을 믿고 영접하라는 말씀에 순종하기만 하면, 즉 그 말씀대로 하기만 하면 선악과 사건이 터진 동네에서 임마누엘 동산으로 건져집니다.

그러기에 더 이상 문제 될 것도 없고, 더 이상 부족함도 없습니다. 이렇게 되어있는 사람을 '그리스도인'이라고 합니다. 그러니까 그리스도인은 이미 임마누엘 동산 사람(새로운 피조물=새 사람, 고후 5:17)이기에 더 이상 문제 될 것도 없고, 더 이상 부족함도 없기에 더 이상 할 일이 없어서 이런 내용을 전해주는 일을 하게 되는 것입니다. 이것을 '전도'라고 하며 이렇게 전해주는 사람을 전도자(천국 대사, 왕 같은 제사장, 사람 낚는 어부)라고 합니다(고후 5:20, 벧전 2:9, 마 4:19). 결국 그리스도인은 전도자입니다.

전도자만큼 아름답고 행복한 사람은 이 지구상에 없습니다. 더 이상 문제될 것도 없고, 더 이상 부족함이 없기에 죄와 마귀와 죽음문제를 비롯한 인생의 모든 문제에서 자유하며 또한 천국을 비롯한 하나님의 모든 것을 누리고 살기에 자기에게 주어진 시간, 물질, 몸까지 선악과 사건이 터진 동네의 사람들을 살리는 일에 사용하게 됩니다. 이게 사랑입니다. 마음에 이런 사랑, 이런 엄청난 여유가 있기에 삶 자체가 넉넉하게, 자유하게, 평안하게, 행복하게 될 수밖에 없습니다.

삶의 방향과 목표가 너무나 분명하기 때문에 아주 적극적이고, 열정적이며, 도전정신도 아주 강하며, 아주 미래지향적입니다. 사람을 살리는 일이기에 보람 또한 엄청납니다. 그리스도인은 이렇게 인생의 모든 문제에서 자유하며, 이미 하나님을 다시 만나 천국을 비롯한 하나님의 모든 것을 소유하고 누리며, 장차(미래) 예수님의 재림사건을 바라보며, 그때 영원히 썩지 않을 상급까지 받을 것을 생각하며 달리기에 아주 미래지향적입니다.

이렇게 미래지향적인 사람은 세상 것들을 가지고 사람을 살리며 또한 문제들을 정복하고 밟고 나가는 멋진 존재들입니다. 하나님의 인류를 향한 역사 중에 이제 '재림사건'만 남아있습니다. 선악과 사건이 터진 동네(세상)에서 벌어지고 있는 여러 가지 현상들은 예수님께서 다시 오실 징조들입니다. 예수님의 재림사건이 터지기 전에 "예수가 그리스도라는 것을 믿으라"는 말씀에 순종하여 그리스도인으로 멋지게, 행복하게 살고, 장차 많은 상급 받게 되기를 바랍니다. 샬롬!

이 책을 읽고 난 후
느낀 점 / 고쳐야 할 부분 / 전하고 싶은 글!
주님께 드리고 싶은 감사를 적읍시다.

망망한 바다 한가운데서 배 한 척이 침몰하게 되었습니다.
모두들 구명보트에 옮겨 탔지만 한 사람이 보이지 않았습니다.
절박한 표정으로 안절부절 못하던 성난 무리 앞에 급히 달려 나온 그 선원이
꼭 쥐고 있던 손바닥을 펴 보이며 말했습니다.
"모두들 나침반을 잊고 나왔기에… "
분명, 나침반이 없었다면 그들은 끝없이 바다 위를 표류할 수 밖에 없을 것입니다.

우리는 삶의 바다를 항해하는 모든 이들을 위하여
그 나침반의 역할을 하고 싶습니다.
우리를 구원하신 위대한 주 예수 그리스도를 널리 전하고 싶습니다.

"하나님은 모든 사람이 구원을 받으며
진리를 아는 데에 이르기를 원하시느니라"
(디모데전서 2장 4절)

영적 체질을 개선하라!

지은이 │ 정원기 목사
발행인 │ 김용호
발행처 │ 나침반출판사

제1판 발행 │ 2019년 9월 5일

등 록 │ 1980년 3월 18일 / 제 2-32호
본 사 │ 07547 서울특별시 강서구 양천로 583
　　　　블루나인 비즈니스센터 B동 1607호
전 화 │ 본사 (02) 2279-6321 / 영업부 (031) 932-3205
팩 스 │ 본사 (02) 2275-6003 / 영업부 (031) 932-3207
홈 피 │ www.nabook.net
이 멜 │ nabook@korea.com / nabook@nabook.net
일러스트 제공 │ 게티이미지뱅크

ISBN 978-89-318-1580-1
책번호 나-1032

값은 뒷표지에 있습니다.